活动策划与执行大全
（第2版）

高珉　刘炜　编著

清华大学出版社
北京

内容简介

本书分两条线进行专业讲解，一是技巧线，从垂直深度，介绍活动的策划准备、策划、执行、总结等各环节的方法；二是案例线，从横向宽度，介绍节日促销、庆典公关、宴会品牌、行业、微信、新媒体、电商等活动案例，意在帮助读者朋友从新手成为活动策划与执行高手，快速、高效地完成公司的活动策划任务。

本书适合各单位与企业的管理者、活动策划人员和活动执行人员使用，还适合新媒体领域的营销人员、活动策划人员和执行人员，以及想提升个人能力的营销、策划等上班族阅读。

本书封面贴有清华大学出版社防伪标签，无标签者不得销售。
版权所有，侵权必究。举报：010-62782989，beiqinquan@tup.tsinghua.edu.cn。

图书在版编目(CIP)数据

活动策划与执行大全/高珉，刘炜编著. —2版. —北京：清华大学出版社，2020.4（2024.2重印）
ISBN 978-7-302-55221-5

Ⅰ．①活… Ⅱ．①高… ②刘… Ⅲ．①活动—组织管理学 Ⅳ．①C936

中国版本图书馆 CIP 数据核字(2020)第 047945 号

责任编辑：张　瑜　杨作梅
装帧设计：杨玉兰
责任校对：王明明
责任印制：丛怀宇

出版发行：清华大学出版社
网　　址：https://www.tup.com.cn，https://www.wqxuetang.com
地　　址：北京清华大学学研大厦 A 座
邮　　编：100084
社 总 机：010-83470000
邮　　购：010-62786544
投稿与读者服务：010-62776969, c-service@tup.tsinghua.edu.cn
质量反馈：010-62772015, zhiliang@tup.tsinghua.edu.cn

印 装 者：大厂回族自治县彩虹印刷有限公司
经　　销：全国新华书店
开　　本：170mm×240mm　　印　张：16.25　　字　数：380 千字
版　　次：2018 年 3 月第 1 版　2020 年 4 月第 2 版　印　次：2024 年 2 月第 8 次印刷
定　　价：49.8 元

产品编号：084231-01

前言

■ 写作驱动

活动策划是一门学问,而且是一门不断更新变化的学问,不学习,很快就会跟不上活动策划发展的脚步了。距 2018 年该书第 1 版出版虽然只有两年左右的时间,但是活动策划的内容却发生了很多新的变化。特别是在互联网和移动互联网快速发展的时代环境下,线上活动与线下活动出现了更多融合的趋势。

对线下活动来说,它与线上平台融合,推动了线下活动的宣传与推广,这样势必在更短的时间内将活动信息传递给更多的受众,从活动策划到执行,时间更短、效率更高、效果更好。

对线上活动来说,它与线下企业、门店等实体更好地结合,在有众多关注人群的情况下让它快速落地执行,大大提升了活动的真实性,从活动传播到兑现,操作更方便、福利获取更快速。

基于此,笔者在《活动策划与执行大全》的基础上,开始着手编辑本书。相对于第 1 版而言,本书有了很大改进和创新,主要表现在以下 3 个方面。

一是认识综合,即对活动策划的意义以及文案、网络对活动策划的影响进行综合,选取精华内容,重新组成一章,以便读者能更全面地认识活动策划。

二是技巧增加,即在介绍活动策划与执行的基础知识时,分两章对活动执行与活动结束后的收尾工作进行重点介绍,以便活动执行人员能把握相关技巧,并能从已开展的活动中吸取经验教训,为后续的活动策划与执行提供借鉴。

三是案例补充,即在原有的新媒体活动案例前,增添了两大类型的案例——线下活动案例和行业案例。特别是线下活动案例,是活动策划与执行中的重要内容,在日常生活和工作中充当着不可或缺的角色,有必要作为重点介绍。

在上面 3 大内容改进和创新的基础上,最终有了呈现在读者面前的本书的 12 大专题内容,希望能帮助读者更好、更快地掌握活动策划与执行的精髓,轻松完成上级领导交给的任务。

■ 本书内容

本书分 12 章,行文逻辑是:首先介绍活动策划与执行的基础知识,使读者从整体上把握活动全过程的相关内容;然后从不同的角度,以典型案例的方式介绍活动策划与执行，使读者从实践的角度把握活动全过程。具体内容包括：初步认识活动策划、重点把握策划技巧、加深理解策划工作、准确控制执行活动、结束活动完美收尾、节日促销活动策划与执行、庆典公关活动策划与执行、宴会品牌活动策划与执行、行业活动策划与执行、微信活动策划与执行、新媒体活动策划与执行和电商活动策划与执行。

■ 本书特色

本书最大的特色亮点如下。

（1）实用性强。本书的内容来源于笔者的实战经验与成果，且按照活动策划与活动执行的脉络来安排内容，以不同类型的案例为指导，力图为各领域从事活动策划与执行工作的读者解决难题。

（2）内容全面。本书按前期策划、活动执行和结束后收尾的顺序循序渐进地深入介绍了相关技巧，从线下、行业和线上等角度介绍了活动策划与执行的实战案例，让读者通过本书能学到各方面的知识，从而在面对各种活动策划与执行任务时从容应对。

■ 作者售后

本书由高珉、刘炜编著，参与编写的人员还有周玉姣等人，在此表示感谢。由于作者知识水平有限，书中难免有疏漏之处，恳请广大读者批评、指正。

编　者

目录

第1章 初步认识活动策划 1
1.1 多方面了解活动策划 2
- 1.1.1 活动策划的基本目的 2
- 1.1.2 活动策划的应用平台 4
- 1.1.3 活动策划为什么好用 4
- 1.1.4 活动策划有什么用处 7

1.2 文案促进活动成功 8
- 1.2.1 文案为活动策划带来了什么 8
- 1.2.2 文案和活动的联系有哪些 13

1.3 网络让活动更丰富 17
- 1.3.1 网络为活动策划提供便利 17
- 1.3.2 线上活动策划的网络优势 21
- 1.3.3 网络环境下活动策划面临的挑战 25

第2章 重点把握策划技巧 29
2.1 活动策划该凭借什么 30
- 2.1.1 合适时机 30
- 2.1.2 时事热点 30
- 2.1.3 自身亮点 31

2.2 活动策划要遵循什么 32
- 2.2.1 一个主题原则 32
- 2.2.2 直明利益原则 33
- 2.2.3 真实可行原则 33
- 2.2.4 随机应变原则 33
- 2.2.5 创新活动原则 34

2.3 活动策划应注意什么 35
- 2.3.1 明确活动策划的事项 35
- 2.3.2 活动策划书需要规范 36
- 2.3.3 提供额外的交通途径 37
- 2.3.4 赠送小礼品留住受众 37
- 2.3.5 让受众记住并持续影响 38
- 2.3.6 活动策划者应具备的素质 40

第3章 加深理解策划工作 43
3.1 活动策划前要考虑什么 44
- 3.1.1 明确活动的根本目标 44
- 3.1.2 构思活动的总体方案 45
- 3.1.3 估算活动的具体花费 45
- 3.1.4 确保活动的真实可行 47
- 3.1.5 制定活动的详细安排 48
- 3.1.6 确定活动的必要流程 49
- 3.1.7 应对突发情况的备用方案 50

3.2 策划活动时需准备什么 50
- 3.2.1 提前宣传 50
- 3.2.2 确定类型 52
- 3.2.3 计划时间 54
- 3.2.4 安排地点 56
- 3.2.5 组织团队 59
- 3.2.6 互动节目 59
- 3.2.7 调查来宾 60

第4章 准确控制执行活动 61
4.1 活动流程控制 62
- 4.1.1 确认活动流程表 62

4.1.2　防范活动现场失序 62
　　4.1.3　发挥主持人的作用 63
　　4.1.4　活动现场引导分流 64
　　4.1.5　做好活动摄影安排 65
4.2　活动人员控制 68
　　4.2.1　核对参与嘉宾与受众 68
　　4.2.2　确保工作人员沟通顺畅 70
4.3　活动节奏控制 71
　　4.3.1　控制时间点节奏 72
　　4.3.2　控制气氛点节奏 74
　　4.3.3　控制记忆点节奏 78

第5章　结束活动完美收尾 81

5.1　活动的清场收尾 82
5.2　活动的总结复盘 83
　　5.2.1　收集来宾评价 84
　　5.2.2　召开活动总结会 85
　　5.2.3　对活动进行复盘 87
5.3　活动的各方面评估 88
　　5.3.1　活动的效果评估 88
　　5.3.2　活动的影响力评估 90
　　5.3.3　活动的成本评估 92
　　5.3.4　活动的时间评估 93
5.4　活动资料的存档 93

第6章　实战：节日促销活动的策划与执行 97

6.1　节日类活动策划 98
　　6.1.1　借原有节日策划活动的优势 98
　　6.1.2　借原有节日策划活动的注意事项 98
　　6.1.3　自造节日活动策划的优势 99
　　6.1.4　自造节日策划活动的思路 100

　　6.1.5　自造节日策划活动的注意事项 102
　　6.1.6　××商场"张灯结彩"元宵节活动策划书 103
6.2　促销类活动策划 107
　　6.2.1　策划促销类活动的优势 107
　　6.2.2　促销类活动的注意事项 108
　　6.2.3　促销类活动的常见地点 109
　　6.2.4　促销类活动选择地点时的注意事项 109
　　6.2.5　线下促销活动的成功诀窍和推广方式 110
　　6.2.6　线上促销活动的成功诀窍和推广方式 112
　　6.2.7　××火锅店"你扫满我送"线下促销活动策划书 114
　　6.2.8　××旗舰店"天猫女王节"线上促销活动策划书 117

第7章　实战：庆典公关活动策划与执行 121

7.1　庆典类活动策划 122
　　7.1.1　庆典活动策划的技巧 122
　　7.1.2　庆典活动策划的注意事项 126
　　7.1.3　××公司开业庆典活动策划书 129
　　7.1.4　××大学70周年庆典活动策划书 133
7.2　公关类活动策划 137
　　7.2.1　公关活动成功的原则 137
　　7.2.2　公关活动策划技巧 138
　　7.2.3　公关活动策划方案的内容 138

7.2.4 公关活动策划的注意
事项...................................138
7.2.5 ××新品新闻发布会
策划书...............................139

第8章 实战：宴会、品牌活动策划与执行...............................145

8.1 宴会、晚会类活动策划............146
    8.1.1 活动的常见举办地点........146
    8.1.2 选择活动地点的注意
事项...................................147
    8.1.3 拒绝平庸的年会方案........147
    8.1.4 活动策划的标准和
注意事项...........................148
    8.1.5 灯光设置非常重要............149
    8.1.6 ××餐饮协会年会活动
策划书...............................150

8.2 品牌推广类活动策划...................153
    8.2.1 策划前的宣传推广方法.....153
    8.2.2 要有明确的思想主题........153
    8.2.3 注意娱乐的表现形式........154
    8.2.4 应该富有情节性................155
    8.2.5 对公众要求应该简单........155
    8.2.6 ××汽车行业品牌活动
策划方案...........................156

第9章 实战：行业活动策划与执行...............................159

9.1 餐饮行业活动策划.......................160
    9.1.1 让口碑成为餐饮活动的
宗旨...................................160
    9.1.2 先自我分析再进行活动
也不迟...............................161
    9.1.3 活动要有策略....................162
    9.1.4 2019年××火锅品牌
儿童节活动策划书............163

9.2 美容行业活动策划.......................168
    9.2.1 明确活动目标才是王道....168
    9.2.2 活动形式围绕促销而为....169
    9.2.3 美容行业活动宣传方式....171
    9.2.4 ××美容整形医院20周年
庆活动策划书...................172

9.3 建材家居行业活动策划...............175
    9.3.1 选择一个好的主题............175
    9.3.2 如何促进现场签单成功....178
    9.3.3 策划小爆破活动................182
    9.3.4 ××建材家居商城促销
活动策划书.......................183

第10章 实战：微信活动策划与执行...............................187

10.1 微信朋友圈活动策划.................188
    10.1.1 微信朋友圈活动状况......188
    10.1.2 微信朋友圈活动须知......190
    10.1.3 微信朋友圈活动技巧......192
    10.1.4 MINI微信朋友圈活动
策划.................................194

10.2 微信公众号活动策划.................198
    10.2.1 微信公众号活动状况......198
    10.2.2 策划微信公众号活动
须知.................................200
    10.2.3 微信公众号活动的策划
技巧.................................202
    10.2.4 微信公众号征稿大赛
活动策划.........................205

第11章 实战：新媒体活动策划与执行...............................209

11.1 新媒体活动策划..........................210
    11.1.1 新媒体活动状况..............210
    11.1.2 策划新媒体活动须知......213

- 11.1.3 新媒体活动的策划技巧 217
- 11.1.4 "OPPO Reno 造乐节"微博活动策划 219
- 11.2 多平台活动策划 221
  - 11.2.1 多平台宣传推广活动的平台分布 222
  - 11.2.2 策划多平台宣传推广活动须知 223
  - 11.2.3 多平台宣传推广活动的策划技巧 225
  - 11.2.4 《云梦四时歌》推广活动策划 227

第 12 章 实战：电商活动策划与执行 231

- 12.1 电商活动策划 232
  - 12.1.1 电商活动状况 232
  - 12.1.2 电商活动须知 234
  - 12.1.3 电商活动策划技巧 235
  - 12.1.4 "双十一"活动策划 236
- 12.2 微商活动策划 238
  - 12.2.1 活动策划成功的诀窍 238
  - 12.2.2 活动策划需打感情牌 239
  - 12.2.3 活动策划的注意事项 240
  - 12.2.4 ××微商出售辣条活动策划书 241
- 12.3 团购活动策划 242
  - 12.3.1 团购活动的特点 242
  - 12.3.2 策划团购成功的技巧 243
  - 12.3.3 团购活动产品的描述 244
  - 12.3.4 ××口味馆团购活动策划书 245

第 1 章

初步认识活动策划

学前提示 随着营销活动的兴起与发展,各行各业中逐渐都有了自己的品牌营销活动,并且产生了不少成功的例子。人们意识到成功的活动对于营销有大的帮助,因而活动策划也越来越受到各行业人士的重视。本章就带领大家初步认识活动策划。

要点展示
- ▶ 多方面了解活动策划
- ▶ 文案促进活动成功
- ▶ 网络让活动更丰富

1.1 多方面了解活动策划

所谓活动策划，其实就是制定一种市场营销活动方案，它隶属于文案，但与文案又存在一定的区别：文案仅限于文字表达，而活动策划是一种为活动而进行的总体规划，除了用文字表现之外，还需要在实际生活中进行兑现、实操。一个好的活动策划，可以进行品牌推广、提高企业声誉，更是提高市场占有率的有效行为。

1.1.1 活动策划的基本目的

活动策划的基本目的是活动策划的出发点，从这一点来看，可以将活动策划分为宣传推广型和盈利目的型。

1. 宣传推广型活动策划

一些比较注重品牌宣传与推广的企业，往往会策划宣传推广型活动，以进一步扩大品牌宣传力度。宣传推广型活动的主要目的，不是销售产品盈利，而是宣传品牌。所以，宣传推广型活动策划在形式上一般都十分惹人注目，各种类型的晚会是它们惯用的表现形式。一般来说，常用的宣传推广型活动策划形式如图1-1所示。

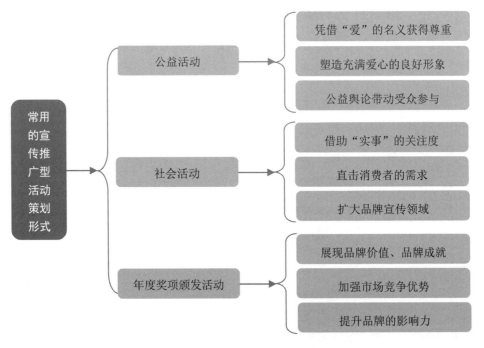

图 1-1 常用的宣传推广型活动策划形式

例如，著名内衣品牌"维多利亚的秘密"的走秀表演活动，自 1995 年以来，每年(2019 年维密秀取消)都会举办一次内衣走秀盛会(简称"维密秀")。它凭借身材火辣、天使面孔的模特与贴心产品的搭配，成为万众瞩目的宣传活动。

"维多利亚的秘密"的成功之处就在于它不仅在产品上抓住了女性的需求，还在视觉上给男性带来了不小的冲击力，每年举办一次这样的活动，能大大地为品牌造势，提高品牌的知名度。

2．盈利目的型活动策划

不管企业进行哪种营销活动，其目的必定以盈利为主，因此，盈利目的型活动策划被不少企业所重视。只要方式、方法运用得当，定能引起消费者的关注，勾起消费者的购买欲望。图 1-2 所示为盈利目的型活动策划的概念。

图 1-2　盈利目的型活动策划的概念

活动策划者在进行盈利目的型活动策划的操作时，可以把大众所感兴趣、所关注的事物作为主题，从侧面突出企业产品或品牌，这样能大大提高企业产品的知名度和美誉度。

例如，某品牌凉茶在商场外推出"保龄球"销售活动，参与该活动即可免费获得该品牌凉茶，当时不少逛商场的消费者积极参与。这样的活动以游戏为主题，以产品为奖品，能大大提高人们的注意力，既能提高产品曝光率，又能勾起消费者对产品的购买欲望。

一般来说，活动策划者只要从以下几个方面努力，即可有效实现盈利目的型活动策划的目标。

- 首先，必须确定能吸引消费者的活动主题，可以从消费者的兴趣、消费者的关注和消费者的需求 3 方面入手；
- 其次，要明确采取盈利目的型活动策划的主要产品；
- 再次，要明确盈利目的型活动策划的定位，可以从产品的定位、价格的定位、市场的定位和活动的渠道定位以及营销手段定位 5 个方向来定位产品；
- 最后，要完善策划。

1.1.2 活动策划的应用平台

活动策划的应用平台是活动策划的着手点，从这一点来看，可以将活动策划分为线上型和线下型。

1．线上活动策划

线上型活动是指在互联网上进行的活动，其活动策划一般多见于各大电商平台。除了线上促销活动外，凭借互联网强大的交互功能，线上活动也发展出许多独特的活动类型，如众筹活动、团购活动和网上募捐活动，相关分析如图1-3所示。

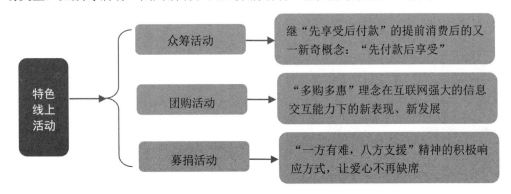

图1-3 线上活动独特类型的相关分析

2．线下活动策划

线下活动是指在实际生活场景中进行的活动，其活动策划一般多见于各大文娱晚会、地方性活动和商家促销活动等。

线下活动策划并不是指那些只在线下进行的活动，如大型文艺会演晚会，除了在演出场地进行外，还经常会在电视和网络上进行直播。这里所说的线下活动策划，是指以线下活动为主、其他方式辅助宣传传播的活动形式。这样可以放大活动的宣传效果。

例如，著名的一年一度举国同庆的盛会——春节联欢晚会，就在电视和网络，甚至是电台上都有同步直播。

1.1.3 活动策划为什么好用

企业在选择营销方式、推广手段之前，一般都需要了解营销方式或推广手段各自的优势，然后选择对自身产品最有利的方式或手段。这样企业在产品推广、销售的过程中才不会走太多弯路。下面就来了解一下活动策划的优势。

1. 强大的互动传播能力

企业之所以会进行活动策划,是因为它具有 3 大特点。这 3 大特点可以大大加强互动传播能力,如图 1-4 所示。

图 1-4　活动策划的 3 大特点

企业若想在活动策划中实现信息的传播,必须要抓住"体验点"设计活动策划方式。其目的就是让受众在活动中,能有一个难忘的、喜欢的体验。这既能提高受众的参与度,又能在受众的体验过程中巧妙地将企业商业信息传递给受众。

2. 较少的信息宣传限制

在策划活动时,企业作为主办方,因受企业自身经济情况、活动策划内容和受众群体的影响,可以自行选择活动举行地点和活动进行时间,所以通常很少受到一些常见的限制,如地理因素和时间因素等。

3. 深入的品牌形象推广

活动策划一般来说都是围绕一个特定主题开展的。一般来说,开展的活动主题具有 4 个方面的作用,如图 1-5 所示。

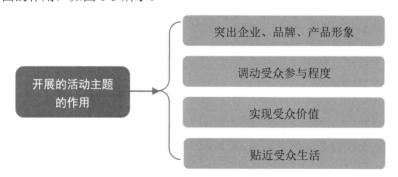

图 1-5　开展的活动主题的作用

活动主题之所以有这些作用,都是为了在受众心中增加品牌知名度做铺垫。若能让受众积极参与到活动中,既能让受众在精神层面上感到满足,又能让受众在生活层面上获得娱乐,这样对企业的公关效应有特别好的作用。

例如，OPPO 在微博上发布"转发微博赢 Reno Z 珊瑚橙一台"的活动信息，在当时的转发量就有近 3 万条，如图 1-6 所示。这就说明此次活动策划效果是不错的，被人们主动传播了近 3 万次，并且抓住了粉丝的心理，以送新款手机 OPPO Reno Z 珊瑚橙来获取明星粉丝的好感，大大增加了品牌的知名度。

图 1-6　OPPO "转发微博赢 Reno Z 珊瑚橙一台"的活动

4．广大的可选受众范围

一般来说，活动策划的受众范围比较广。当然，企业在进行活动策划的过程中，还是需要按照自己用户群体的需求、特点进行策划工作，这样策划出来的活动才不会出现"冷场"的情况。

在活动开展的过程中，只要活动足够吸引人，如有趣味的游戏、明星站台、福利礼品等，那么企业产品的潜在用户、之前对企业产品不感兴趣的用户也可能会主动参与到活动中去，在无形之中，又为企业扩大了用户群体范围。

例如，某手机厂商邀请某明星在自家门店与粉丝交流对某手机的体验感以及演示手机的各项功能，引起经过该手机门店的路人纷纷上前围观。这样的活动，就是利用了明星的名气来吸引明星粉丝、对明星感兴趣的路人以及喜欢凑热闹的人群。

5．高效的营销收益成果

不管是在电视上还是网络上，绝大多数广告的费用都是高昂的。对于那些小型企业来说，推广产品的广告费是一种比较大的支出，同时也是一种负担，主要表现在 3 个方面，即具有较高的风险性、难以符合当时消费者的需求、活动效果可能不佳。

相对来说，以活动的方式进行产品推广的成本比较低，其效果也更加明显，在活动中企业受益程度也要比"冰冷"的广告强几十倍。图 1-7 所示为企业和受众在活动中能获得的好处。

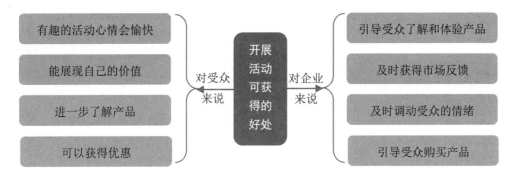

图1-7 企业和受众在活动中能获得的好处

1.1.4 活动策划有什么用处

我们之所以要花费心力做活动策划,主要还是因为做活动策划有以下4个用处。

1. 吸引受众的目光

一个好的活动策划能吸引受众主动参与活动。只有受众愿意参与活动,才能达到企业通过活动的方式向受众传播商业信息的目的。

例如,支付宝在2019年开启了以"五福四海过福年"为主题的集五福活动,并在以往的基础上新推出了"花花卡"——拥有花花卡,有机会抽取最高金额为48 888元的"全年帮你还花呗"大奖。这一活动就很好地吸引了受众的目光并让他们主动参与其中。最终327 895 015人集齐了富强福、和谐福、友善福、爱国福、敬业福,共分得5亿元现金。

2. 宣传品牌的形象

对企业来说,一个好的活动策划就是一条提高企业品牌曝光率的有效渠道。消费者积极参与到活动中,就会对活动中出现的所有因素产生"自主注意"意识。届时,企业在活动中注入的商业信息也不会让消费者产生厌恶的感觉,他们反而更愿意接受,大大提高了商业信息或品牌的曝光率。

3. 培养用户的感情

对品牌来说,活动是培养核心用户也是留住长期客户的重要手段。如果说产品是营销的关键,宣传是营销的主力,那么用户就是营销的服务主体了。

要想获得稳定的客流,就要让用户了解你的品牌价值,而通过活动向用户灌输品牌价值是非常好的方法。对于新用户来说,首次消费优惠活动能让他们对品牌产生一个良好的第一印象;对于老用户来说,稳定的回馈活动能增加他们对品牌产品的依赖度;对于忠实用户来说,定期的会员活动能维护他们对品牌的信任与支持。相关分析如图1-8所示。

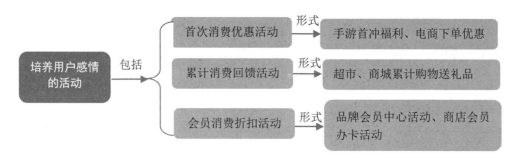

图 1-8　培养用户感情的活动

4．增进受众的交流

一个好的活动策划，并不只是对企业有好处，对于参与活动的受众来说也是益处多多，最大的好处在于能促进受众之间的交流，增加受众之间的情感。

人们可以通过活动，与自己的亲朋好友连接在一起，一起分享活动的快乐，也可以在活动中结交新的朋友。活动就成为人与人之间加深感情的桥梁。例如，在支付宝"集五福"活动中受众间的交流就非常突出，如受众与受众间可相互交换多余的福卡。

1.2　文案促进活动成功

现今的营销和活动都是宣传先行，而说到宣传，就不得不提到文案了。对于宣传推广来说，文案有着不可替代的重要作用。而对于活动本身来说，文案也有着重要的推动作用。

1.2.1　文案为活动策划带来了什么

文案作为营销最常用也是最好用的手段之一，经常运用在各种营销活动之中，它可以给活动带来巨大的效益。文案对活动策划的帮助主要表现在 3 个方面，具体分析如下。

1．提前产生影响力，为活动造势

一般意义上的活动，无论其规模大小，宣传是文案最常被运用的一个功能。因为对活动来说，宣传是十分重要的。

由于活动一般不会持续很久，所以一旦宣传不到位，活动时没有足够的人来参加，那活动效益就会大打折扣。因此，许多活动都会在活动进行前就开始宣传造势，力求将宣传对活动的帮助作用发挥到最大。

但是也不是说宣传力度越大越好，还需要根据活动的规模适量考虑，因为活动的规模是与活动的承载量挂钩的。

如果活动规模比较小，再大力进行宣传，吸引到了超出活动服务能力的受众数量，必然会导致大部分受众得不到很好的活动体验，甚至根本参加不了活动。这样会给活动的口碑带来不好的影响，不仅不利于活动的长期、定期举办，而且会使活动效益转化率变得十分低下。如果活动的规模比较大，但宣传却不"给力"的话，更会直接影响活动的收益。

此外，根据活动规模大小的不同，文案宣传的形式也应不同。如果活动规模大，就可以选择巨幅海报标语、大型电视台广告、热门网站推送等方式；如果活动规模小，就可以选择活动口号、张贴传单和发送传单等形式进行文案宣传。

优秀的文案对活动宣传上的帮助不仅体现在可以将活动信息精准地推送给受众，还能为活动吸引受众。要做到这一点可以从 3 个方面努力，具体内容如下。

1) 精准传递活动信息

活动的宣传文案一定要能精准地向受众传递活动的详情信息，最基本的有 3 点，即活动的具体地点、日期和时间。有了这 3 点基本信息，受众第一时间就能将其与自己的预定日程进行对比，考虑自己是否去参加活动，有意向参加的受众也能根据这些信息调整自己活动时的行程。

此外，如果可以的话，最好还应在活动的宣传文案中对活动的内容进行简要说明，将活动的要求和规则列出来。

2) 紧扣活动主题

活动的宣传文案，其主要内容通常是一句活动口号和简短的标语。当然，也有部分活动喜欢采用较长、较详细的文案来宣传。然而不管是长文案还是短文案，都要突出活动的主题，紧扣活动的主题。

只有主题明确的活动宣传文案，才能对活动的宣传工作发挥实质性的作用。如果宣传文案的内容没有紧扣主题，将会导致受众接收活动信息受阻，甚至根本不明白活动是什么以及要干什么。活动主题没有得到宣传文案的充分展示，接受宣传的受众无法定位活动，也就不清楚自己是否需要参加活动了。而这一系列的因果联系最终会导致活动人流量大减，宣传工作彻底失败。

专家提醒

宣传文案要想紧扣活动主题，可以从两个方面着手，即直接突出活动主题和表现活动主要内容。

3) 创意性文字

活动宣传文案的文字内容也是需要重视的一点。活动宣传文案吸引受众借助的就是创意新奇的文字。并且优秀的文字内容还可以引发受众的想象，传达出活动的内涵精神以及让受众自发地宣传活动信息。

一般来说，创意性文字具有3大特点，对活动宣传具有巨大的推动作用，如图1-9所示。

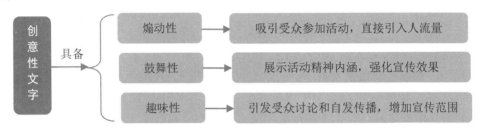

图1-9　创意性文字作用的相关分析

2．提供新鲜创造力，为活动创新

创意在当下这个互联网风行的社会中是一种"紧俏品"，有创意、有新意的信息才能在海量的信息中得到更多人的关注，也更容易实现自身的目标价值，所以如今各个行业都在积极寻求创新。

活动策划中也出现了一些新类型的活动，比如网络上流行的团购活动，还催生了大量的团购网站。又如现实生活中时常出现的快闪活动，本为向大众宣传公益环保理念，也被开发出了商业用途。

但活动策划毕竟是一个需要实践验证的工作，对活动整体的形式作出创新还是比较困难的，因而在以盈利为核心目标的商业活动策划中，应尽量避免使用没有得到实践充分验证效益的新型活动类型。

此时文案对活动策划的又一大帮助可以得到充分发挥——文案除了宣传外的另一大功能就是包装，难以在形式上创新，就可以在包装上创新。

文案对活动的包装创新一般体现在对活动口号的创新，富有创意的活动口号总能让你的活动比同类型的活动更加"新鲜"。

3．提早调研大市场，为活动铺路

活动在选定了地点和时间后，通常还要对场地进行考察，尤其是商业促销活动，需要知道人流的主要方向、人群容易聚集的时间段等信息。但是商业促销活动的策划过程中却经常跳过这些步骤。这是因为举办活动的商家基本上已经在此进行过多次商业活动，充分调研过市场，对于这些问题已经基本了解。而这些，通常会以各种文案的形式到达活动策划者手上。

这些文案通常有4种类型，下面将对这4种类型文案对活动策划的帮助进行具体分析和说明。

1) 市场开发型文案

从企业的角度出发，针对不同的市场，采用的开拓策略也不尽相同。在市场开发文案中，根据多次进行的市场调查，可以持续地搜集反馈信息及使用情况，及时调整营销策略。

在市场开发型文案中，创作重点主要应集中于选择准备进入的市场以及相关的后期安排。可以说，市场开发型文案提供了对市场规模和竞争状况的调研资料，活动策划者可以依据这些信息对活动的规模进行评估，对活动的形式进行考虑。

2) 营销分析型文案

营销分析型文案根据要求的不同，在实践中体现的内容重点也有不同。从目标上来说，主要是提高企业营销资源的利用效率，使企业资源能够得到最大化效益，具体实施在于针对目标市场制定经营策略。

在营销分析文案中，重点主要集中于 3 个方面，分别是选定目标市场、制定市场营销策略以及注意相关问题，具体分析如图 1-10 所示。

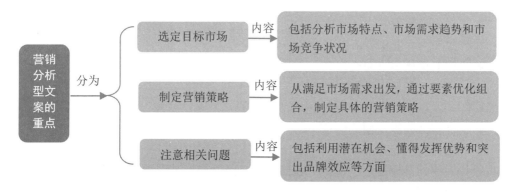

图 1-10 营销分析型文案的重点分析

营销分析型文案提供了对营销资源和市场利益的调研资料，活动策划者可以依据这些信息对活动的盈利目标进行考量，对活动的盈利方式进行规划。

3) 客户分析型文案

客户分析要发现的问题主要是对客户消费能力的分析和对产品质量的反馈等。对目标受众而言，与客户相关的主要有 6 个方面的内容，具体如下所示。

- 对产品的偏好；
- 购买频率提高的可能；
- 影响他人的可能；
- 对其他品牌的态度；
- 对本产品的态度；
- 未满足的相关需求。

在客户分析型文案中，重点主要集中于 3 个方面，分别是市场需求、受众分析和潜在受众分析，如图 1-11 所示。

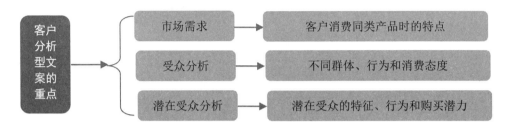

图 1-11 客户分析型文案的重点分析

客户分析型文案提供了对客户类型和消费行为的分析调研资料，活动策划者可以依据这些信息对活动目标受众进行定位，在活动内容中添加受众可能感兴趣的相关环节。

4) 调研问卷型文案

在调研问卷型文案中，根据行业的不同和实际问卷调查方向的不同，实际的问卷设计在形式和内容上也有所区别。关于调研问卷本身，一般需要注意以下几个方面。

- 问卷设计规范、合理；
- 问卷问题便于操作；
- 问题以目标和内容为依据；
- 前言部分提及相关信息；
- 避免使用专业术语。

设计问卷的目标是为了搜集市场信息，在问卷设计过程中，把握目的和要求，才能更好地获得有效信息。

下面是一份调查问卷的范文模板，对于活动的细节问题直接向受众征求答案，活动策划者可以充分利用从调查问卷文案中得到的受众意愿，使活动更具人性化，自然更能吸引受众。

问卷范文：

××问卷调研文案

一、前言部分

目前我们正在进行××活动，为了进一步了解××，我们借助××的机会，特开展此次问卷调查。本次调查以不记名的方式进行，您的宝贵意见将有助于我们××，敬请畅所欲言。非常感谢您的大力支持，做完调查问卷后会有小礼品赠送。

二、调研问卷题目

1. 您从什么途径知道××产品？
- 实体门店广告
- 门户网站广告
- 报纸、电台广告
- 产品促销活动
- 朋友介绍
- 搜索引擎

2. 您目前最希望购买哪种类型的商品？(最多选2项)
- 家电
- 数码产品
- 超市类商品
- 家用百货
- 婴儿用品
- 护肤化妆品

3. 您希望参与网上哪种类型的活动？
- 团购
- 秒杀
- 拼购
- 会员多倍积分
- 信用卡分期付款
- 其他

4. 您希望享受××产品的哪种优惠政策？(最多选2项)
- 满额即减
- 积分兑换现金
- 积分兑换礼品
- 预存资金送券
- 购物赠礼
- 其他

5. 如果在节日购物，您希望获得哪种赠品？
- 符合节日的赠品
- 娱乐优惠券
- 旅游优惠券
- 摄影优惠券
- 创意精品
- 其他

6. 您对我们还有什么建议或想说的吗？
  □有　　□无
  建议或想法：

1.2.2　文案和活动的联系有哪些

文案和活动看似是两种不相干的东西，但其实却联系紧密，有活动的地方通常都会出现文案，如促销活动现场的横幅标语、电商活动页面的宣传性文字，这些都是文案。

在活动的策划过程中，文案必定贯穿活动的始终。文案和活动的紧密联系主要体现在3个方面，具体分析如下。

1. 活动开展的先行者

文案是活动开展的先行者，文案与活动的前期准备工作联系密切，文案以多种形式参与活动的前期准备工作，最有代表性的就是前期的宣传和活动的策划书。下面就以最具代表性的前期文案工作为例，分析文案与活动前期工作的紧密联系。

1) 前期宣传

活动举行之前的宣传工作十分重要，这能让活动在开始之前就聚集一定的人气，为活动的成功举行打下基础。而活动前期宣传作用的发挥，与文案有着密不可分的关系。

图 1-12 所示是某家具店铺店庆活动的前期宣传文案。它不仅详细列出了活动时间、地点、部分产品特价和活动的规则，还巧妙地承诺"三年最低价 买贵差价十倍还"，吸引感兴趣的受众关注，充分发挥了文案在前期宣传工作中的积极作用。

2）活动策划书

活动策划书也是活动前期准备工作中重要的一环，活动策划书的主要作用有 3 个，具体分析如下。

(1) 向委托方展示活动具体安排。让委托方知道活动的安排布局是十分重要的，委托方了解活动策划者要干什么，准备怎么干，知道策划的活动是可以实现和科学可行的，才会信任活动策划者和其团队。这份信任正是活动策划和准备能够顺利进行的基础，文案与这份信任的建立和维护有着十分密切的联系。

图 1-12 店庆活动宣传单

(2) 帮助策划者理清策划思路。活动策划的活动步骤要有序合理，活动策划书可以直观地表现活动内容与活动流程的科学合理性，帮助活动策划者理清策划思路，及时修正策划内容中不科学可行和不符合活动目的的部分与环节。

(3) 让策划团队了解策划者的意图。活动策划团队是辅助活动策划者进行活动策划的人群，活动策划书可以帮助他们理解活动策划者的意图，方便他们对活动策划者进行更到位的辅助。同时理解了活动策划者的策划意图，也有助于活动策划团队成员之间的相互配合和默契的培养。

2．活动进行的助力者

文案与活动的进行也有着密切的关联。在活动现场，相关的文案内容是我们随处可见的，如活动现场的指示牌、标语口号、广告文字等，都是文案内容。

活动现场的文案内容有助于活动的顺利进行，常见的活动现场的文案有以下 3 种。

1）活动标语

活动标语是活动现场最为常见的文案内容。无论是何种规模的活动，活动标语一定是要出现在活动现场的。活动标语与活动进行的相关联系主要有 3 点，具体分析如下。

(1) 活动标志。活动标语最为重要的作用也是最为直接的作用，就是表明活动正在进行，活动标语是普通受众判断商家是否在进行活动的最直观依据。如果你路过一家门店，店铺前既没有横幅标语，也没有口号宣传物品，那你怎么也不会想到这家门店是在进行活动的。同样,如果你是在某次活动之前就了解了活动时间和地点,但当你按时到达指定场地后却没有看到活动标语,你也会怀疑自己是不是收到了错误的信息。活动标语已经成为人们潜意识中活动在进行的标志。

(2) 吸引路人。活动标语同时还是活动现场人们了解活动的第一个窗口。活动标语可以第一时间向受众展示活动的主题、方向、形式等内容,为受众提供一个快速了解活动的窗口。这是活动标语的一个重要的作用。活动举行之前经过宣传的活动标语基本上就是活动的宣传主题,这样可以让来到活动现场的受众快速进入角色。对于没有经过提前宣传的活动来说,活动标语的窗口作用就更加明显了。

(3) 了解窗口。活动标语还有吸引路人的重要作用。对于一些没有经过提前宣传的小型门店促销活动来说,活动标语的宣传引流作用十分重要,所以这些小型促销活动的活动标语通常都会十分直接地表现优惠让利措施,以此来吸引过路受众进店消费。

2) 现场指引

活动现场的文案种类十分丰富。其中很多都是用于辅助活动现场工作者指引活动参与人群的工作,文案对活动有着辅助指引的作用。文案对活动现场的指引主要体现在3个方面,具体分析如下。

(1) 辅助维护秩序。活动现场人员众多,只有全场秩序稳定,活动才可以顺利进行下去。虽然活动现场通常都会有专门维护秩序的工作人员,但与参加活动的人员相比,他们的数量还是太少了,所以这时候就需要文案内容来辅助他们维持秩序了。

(2) 警示告诫受众。活动现场一般都会有为了保证多数受众良好活动体验的要求规定,或是特殊活动的特别规定,比如活动现场禁止吸烟、拍照等。虽然观众进场时接待人员通常会作说明,但难免有一些活动参与者会不自觉地违反规定,所以活动现场要有一些警示性的文案内容,以提醒活动参与受众不要违反活动规定。

(3) 指示引导人群。大型或综合型的活动现场活动场地大,展位多,人员复杂。对活动现场不熟悉的参与者很容易在活动现场迷失方向,不能正常进行活动,从而损害活动的收益。所以为了活动参与者的良好体验及避免活动收益的不必要损失,活动现场一般都会有很多指示性的指引性文案内容,如"奖品领取处""乘车区"等。

3) 内容说明

对活动内容的说明是文案和活动进行的又一大联系,活动进行时活动现场的工作人员,比如活动的主持人通常会对活动的具体信息作出说明,如介绍活动的流程,说明活动的规则等。

但是活动工作人员也不能随时都向活动的参与者提供活动信息的讲解,一是他们有的除了自己工作环节上的内容外,对整个活动的信息也并不是十分了解;二是他们还有自己的工作任务,不能一直接待活动参与者。

虽然有的活动会组织专门负责接待的团队，但接待团队的接待能力毕竟有限。对于参与者众多的活动，接待团队也不可能服务到每一个人。

所以此时就需要给参与者提供自主了解活动信息的途径了，这个途径通常是活动现场的文案内容，如图 1-13 所示。

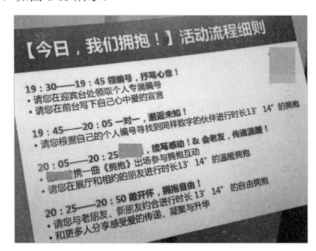

图 1-13　展示活动内容的文案内容

3．活动尾声的宣告者

一般来说，活动不能没来由地开始，也不能不明不白地结束。既然活动的开始离不开文案的帮助，那活动的结束又怎么能少得了文案呢？文案既标志着活动的开始，也可宣告活动的结束，如晚会活动结束时的谢幕词、促销活动中的"最后一天"等，都是活动尾声时的文案内容。

文案与活动的收尾联系程度相当高，几乎所有类型的活动都有各自相应的结束收尾文案。下面就以 3 种不同类型活动的结束收尾文案为例，分析文案与活动收尾工作的联系，如图 1-14 所示。

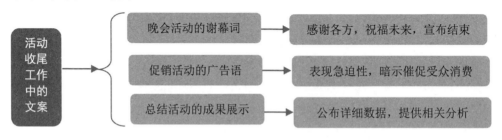

图 1-14　活动收尾工作中的文案

1.3 网络让活动更丰富

18 世纪中期，人类开始第一次科技革命，进入了工业化时代；19 世纪中叶，人类开始了第二次科技革命，进入了化石能源时代；20 世纪中段，人类开始了第三次科技革命，进入了信息化时代。今天，随着互联网技术的不断发展，活动策划也将迎来一场革命。

1.3.1 网络为活动策划提供便利

网络是当今社会的一个重要组成部分，它正在改变着一切，如出行方式、沟通方式、支付方式等。当然，这其中也包括活动策划——网络为活动策划提供了许多便利，主要表现在 6 个方面，具体分析如下。

1. 小窗口大平台

据中国互联网络信息中心发布的《第 43 次中国互联网络发展状况统计报告》显示，截至 2018 年 12 月，中国网民规模达 8.29 亿，手机网民规模达 8.17 亿。另据研究机构 We Are Social 和 Hootsuite 发布的 2019 年数字报告显示，全球网民数量已突破 43 亿。如此庞大的群体还在继续增长，并且会随着信息技术的发展和互联网的进一步普及，增长得越来越快。

从上述信息中可以看出，互联网的普及率已经非常高，每一个电脑屏幕或手机屏幕后都可能连接着千千万万互联网用户，而这千千万万的互联网用户都可以成为活动的受众。

网络不仅为活动带来了大量的受众，还提供了众多聚集受众的社交媒体平台，许多互联网用户每天都会花一定的时间活跃在这些社交媒体平台上。

2. 大活动小团队

互联网提供的多种多样的便捷服务改变了人们的日常生活方式，也改变了活动策划的人员组织。这种改变主要体现在两个方面，具体分析如下。

1) 执行能力

随着智能化技术的不断发展与应用，许多基本、单一的工作都可以用机器或程序代替人来完成，如工厂车间的自动化生产流水线、物流仓库的智能化管理系统等。这些生产单位在使用了智能化技术后，最直接的改变就是工作人员有了明显的减少，效率有了明显的提高。

智能化技术本就是从网络科技中发展出的技术，其与互联网的结合自然也最为容易和高效，因此活动策划的许多工作可以由程序代为完成。这就直接使活动策划团队的工作执行变得简单，执行能力得到加强。

例如，在微博平台有"发起投票""模拟问卷""抽奖竞猜"等小功能。这些功能大大方便了活动策划工作的筹备，使线上的投票统计活动的开展变得十分简单，也让活动的前期调研工作变得容易，这样在活动策划工作进行时，从事相关环节工作的人员就能更快更好地完成工作了。

2) 策划水平

从事基础工作的人员被程序或 AI 人工智能设施代替后，活动策划团队留下的人员都是从事无法被替代的工作，或者说在短时间内无法被代替的工作，这样互联网将对活动策划团队的人员组织结构产生巨大影响。因此，活动策划团队中容易留下 3 种类型的人，即独特技术人员、策划工作主脑和综合素质强的人员。

这些被留下的人员往往是活动策划团队的核心人物，他们要竞争的对象一般不是团队内的其他成员，而是其他活动策划团队。在活动执行能力被强大的互联网技术提升到相当水平时，活动策划团队需要竞争的就是策划水平上的高低了。

在互联网环境中，活动策划团队的竞争必然会导致活动策划团队的整体更加精简，素质更加优秀，活动的策划水平也会越来越高。因此，训练有素的小团队也可以进行大规模活动的策划工作。

3. 小规模大营销

互联网营销是现今行业内的一个热词，互联网营销指的是利用数字化的信息和网络媒体的交互性来辅助营销目标实现的一种新型的市场营销方式。简单地说，互联网营销就是以互联网为主要手段进行的为达到一定营销目的的营销活动。

如今各行各业都在利用互联网提供的便捷强大的功能进行着互联网营销，活动营销也可以借助互联网的强大功能实现自身的营销目标，扩大营销成果。互联网为活动营销提供的便捷之处主要表现在 3 个方面，具体分析如下。

1) 降低成本

互联网营销能大幅降低企业产品的销售成本和上市价格，为其节省巨额的促销和流通费用。因此，众多企业开始进驻互联网营销领域。互联网营销得到了大量新鲜资本的注入，自然也开始变得活跃起来，其活动也日益成熟和丰富。后入驻的企业因为有了丰富的互联网营销经验作参考借鉴，其在互联网营销活动的探索成本自然也能降低。

此外，在互联网购物的大环境下，网购消费者倾向于价格低、品种全的商品，而互联网营销活动正好可以比较好地满足这两点，这也使互联网上开展的营销活动易于被消费者接受。

2) 提供渠道

互联网还可为企业的营销活动提供丰富的营销宣传平台，企业可以通过互联网上的社交媒体平台或门户网站投放营销广告。互联网还可以为企业提供便捷的销售渠道，如电商平台、微商平台，甚至企业还可以定制自己的 App。

这些销售渠道不仅可使企业能够快速直接地得到消费者的反馈，还可绕过中间商，减少产品流通环节。产品流通环节的减少意味着产品流通的成本降低，企业能够快速直接得到消费者的反馈也就能直接向消费者宣传品牌价值，扩大营销效果。

3) 满足个性需求

面对消费者多样的个性化需求，营销活动也要提供多样的个性化服务，这样才更容易向消费者传递品牌价值和吸引消费者消费。凭借互联网强大的功能，互联网营销活动正好可以满足消费者多样化的需求。

例如，面对讲究实用高效的消费者，互联网可以提供快速选购支付的途径；对于注重产品评价的消费者，互联网可以提供顾客交流信息的平台；对于喜爱体验，有娱乐要求的消费者，互联网还可以提供趣味小游戏。

4．低成本高效益

互联网不仅方便了活动的进行，还降低了活动的举办成本。俗话说："一分钱难倒英雄汉"，在如今这个资本经济为主导的社会中金钱的力量更为重要。互联网对策划活动成本的降低主要表现在 3 个方面，如图 1-15 所示。

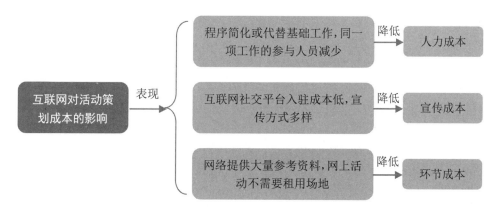

图 1-15　互联网对活动策划成本的影响

成本降低，收益就会相对提高，这是经济学中的一个基本原则，但互联网对活动效益的提高不仅仅只是从降低成本这方面来实现，还可以从其他多个方面来实现，具体分析如图 1-16 所示。

5．快宣传大影响

互联网对宣传推广产生了巨大的影响，网络可以让信息跨时间和跨空间传播，大大加快了宣传推广的影响速度。活动宣传是否到位是决定活动成功与否的先决条件，对活动来说至关重要。活动信息一定要快速及时并且准确无误地传达给受众，因此活动策划者进行前期宣传工作时一定要充分利用好互联网提供的帮助。

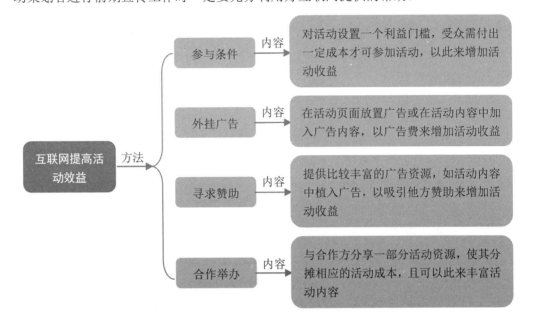

图1-16 用互联网提高活动效益的方法分析

下面就来看看互联网对活动快速宣传的3个影响方面，具体内容如下。

1) 信息发送

信息传递的即时性一直是互联网平台相较于传统平台的一大优势，通过互联网，企业可以第一时间将活动的信息传递给受众，这对活动的前期宣传来说是十分重要的。

同时，活动宣传需要反复向受众展示活动信息，当受众反复接收到某一活动的宣传信息时，就很可能想去活动现场一探究竟了。而这样的宣传效果通常只有在互联网上才能实现，电视、广播只是让观众被动地接收信息，不可能频繁地发送同一条信息，而报纸杂志更新周期太长，明显无法实现这种宣传效果。

2) 渠道选择

互联网不仅可以让活动信息第一时间被受众接收，还可以同时让活动信息被大量受众接收。互联网给活动的宣传提供了多种多样的宣传渠道，不同的渠道有不同的受众，活动的宣传信息可以同时在这些渠道中发布。这也就意味着可以同时对数量庞大的受众群体进行活动宣传工作，从而极大地扩大了活动的影响范围。

3) 信息修改

信息修改是指互联网上的信息修改更正可以即时生效，这是互联网提供给活动宣传十分关键的便利帮助，虽然它不经常被使用，但在关键时刻却能发挥极为重要的作用。

例如，万一发生突发事件，活动开始日期需要延后，在平台上发布的活动开始日期信息就可以在第一时间得到修改，让准备参加活动的受众第一时间知道活动举行日期延后了，从而避免这些受众在原定的日期前来参加活动，最后却扑了空，因而对活动产生不好的印象。也能让之后的受众不会接收到错误信息，从而产生不必要的误会，避免了活动主办方信誉受到更大伤害。

6．大数据精分析

在信息高速传播的今天，企业的行业环境也在迅速变化。传统经验快速过时，经验已成为阻碍正确决策的绊脚石，用户的个性化需求越发明显，数据信息也变得海量。这一切都驱使企业必须从依靠经验驱动运营发展转向依靠数据驱动发展，而活动策划也需要顺应企业的发展趋势，越来越多地依靠数据分析去进行策划。

在信息时代，数据的作用十分重要，且不同行业有不同类型的数据库。在变化迅速的互联网行业中，大数据的作用显得尤为重要，其特点主要有 5 个，即海量、高速、多样、价值密度高和真实性。

具有这 5 个特点的大数据对活动的作用是巨大的，下面就以电商促销活动为例，具体分析大数据对活动的帮助和影响，如图 1-17 所示。

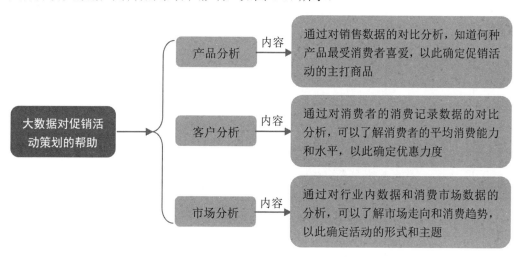

图 1-17 大数据对活动策划的帮助

1.3.2 线上活动策划的网络优势

活动一直是深受人们青睐的社会活动方式，随着时代的进步，活动也从最初的简单集会进化到现在的多种种类、多种方式。如今，借助网络的发展，活动进入了一个全新的领域，那就是暂时离开现实世界，将主场放到虚拟的网络世界中。

我们将这些主要在互联网上进行的活动统称为线上活动，一般的线上活动都具备与它们相对的主要在现实世界进行的线下活动所不具备的一些优势，具体如下。

1．限制更少

线上活动凭借天然的优势使其相较于线下活动受到的限制更少，这主要体现在 3 个方面，具体如表 1-1 所示。

表 1-1　线上活动更少受限的具体表现

方面		表现
环境限制	场地规模	可选择场地的大小直接影响了活动的规模，而线上活动完全不用担心活动场地的问题，因为网络世界的承载量几乎是无限大的，活动主办方只需要预先向活动平台说明，预留一定的网络资源即可
	天气状况	线下活动需要一个好天气以保障顺利进行，即便是在室内进行的活动，在面对台风、暴雨、大雪等恶劣的灾害性天气时也不得不中止。但线上活动就不受这种限制，因为网络世界中并没有天气的概念，也不用担心不良天气影响活动受众的参与率
	现场情况	活动现场的情况是线下活动关注的重点，由于现场人员复杂，包括活动引导人员、保洁人员、安保人员、幕后工作者和后勤等，需要有周密的现场安排才能保障活动顺利有序地进行。线上活动只要事先对活动页进行相关设计即可，也无须安排现场人员，因此操作起来通常更加简单有序
时间限制	时间习惯	在现代社会，每一个人都有自己个性化的时间分配，而线下活动也只能去迎合大多数人的时间习惯了。并且线下活动还要受活动场地附近群众的时间习惯的限制，不能影响到周围居民的正常生活和工作。而线上活动就不需要担心这些，其进行可以不受时间限制
	持续时间	如果一个商场要举行一场为期两天的促销活动，那活动的总时间并不会是 48 小时，因为活动的工作者也需要休息，商场也不会投入这么多成本去维持活动持续 48 小时。而线上活动就不同，由于线上促销活动由平台程序托管，受众不必在一天之中刻意规划出时间来参加活动，活动期间随时都可以享受到活动的优惠
	即时参加	线上活动的自由度比线下活动高，参与受众不需要依据统一的时间标准去参加活动，而是可以随时参加，随时离开，这一点是线下活动目前不能实现的

续表

方面		表现
技术限制	活动环节	线上活动的环节比线下活动的环节更丰富，更有表现力，因为相较于线下活动，线上活动的环节设置更简单，切换也更灵活
	资料留存	线下活动进行完之后活动场地要清理，如果不是特别重要的活动，活动资料也不会留存。但线上活动在进行完后活动资料还会以数据的形式留存，如果日后对活动有什么疑问，可以很方便地查询
	服务能力	线上活动因为有智能化程序的辅助，所以服务能力比线下活动更强。以促销活动为例，线上促销活动的参与受众就不需要像线下促销活动的参与受众一样花费额外的时间成本去排队选购和排队付款

2. 传播更快

现今世界没有什么东西传播信息的速度能和网络一样快。互联网能有如此强大的信息传输能力主要得益于两个方面：一是通信技术发展让信息传播速度变快；二是计算机技术发展让信息处理能力增强，信息传播数量也随之增多。

线上活动相较于线下活动信息传播速度更快主要表现在 3 个方面，即信息准备快、信息更新快和信息见效快。可见，在互联网上进行的线上活动具有在发布活动信息速度上的绝对优势。

首先，因为线上活动发布活动信息的准备环节比线下活动简单，前者包括页面截图、添加链接和点击发送等流程，而后者包括现场拍照、添加详情、上传媒体和发布信息等流程。

其次，线上活动相当于全程直播，受众可即时进入活动页面主动查看活动情况，更新活动信息。而线下活动只能让受众被动地接收活动信息，且很难做到即时发布。

最后，线上活动信息的转化生效速度也比线下活动快。线上活动在发布信息时可以添加活动地址的链接，受众在接收到活动信息后如果对活动有兴趣，就可以通过点击链接进入活动页面参加活动。而线下活动的受众，如果不是在活动之前就准备好的话，一般都不会再去参加活动了。

3. 引流更易

基于互联网能突破地理空间限制和能综合多种表现形式这两大特点，网络世界有着现实世界无法比拟的引流优势。在这种情况下，基于网络平台的线上活动可依靠互联网的强大引流优势为自身吸引流量，扩大宣传效果，具体如图 1-18 所示。

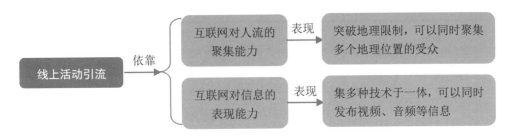

图 1-18 线上活动引流更快的表现

4．影响更强

网络的普及让互联网的影响力更加难以估量，互联网上的信息不仅易于被人们接受，同时也改变着人们的思考习惯和生活方式。互联网如此具有影响力主要是因为两方面，即传播能力强和用户群体大。

基于网络平台的线上活动，其影响力也随着互联网影响力的扩大而得到加强，具体分析如下。

- 网络是线上活动的宣传主场，这样能方便活动信息扩散，形成影响力。
- 网络是线上活动的执行主场，这样能方便活动被讨论传播，持续影响。

5．收益更高

线上活动为企业带来的收益是丰厚的，这一点我们从各种大型线上活动公布的成果数据中不难看出。比如天猫"双十一"促销活动，其交易额达 2135 亿元(2018 年数据)，比一家线下的大型百货商场数年的销售额之和还要多。

线上活动之所以能有如此高的收益，主要有 3 个方面的原因，下面就以常见的线上促销活动为例，为大家具体分析，如图 1-19 所示。

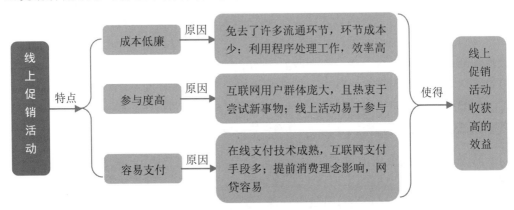

图 1-19 线上促销活动收益高的原因分析

6. 门槛更低

线上活动与线下活动相比，最突出的相对优势就是门槛低，也许对于其他方面的相对劣势，比如宣传、引流等方面，线下活动也可以借助互联网来进行一些弥补，但线下活动无可避免地会受到成本效益、地理位置等诸多方面的限制，消费者参与活动不及线上活动便利。

因为线上活动的参与门槛最低，所以就看你在网络普及的社会中有没有一台价格不高但可以正常上网的设备了。

线上活动门槛如此低主要得益于两个方面，具体分析如图1-20所示。

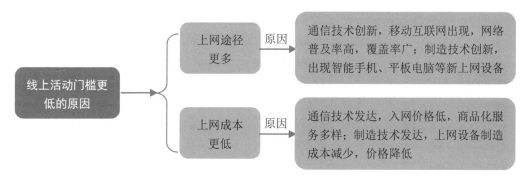

图 1-20　线上活动门槛更低的原因

1.3.3　网络环境下活动策划面临的挑战

任何事物都有两面性，正如俗语所言"天上不会掉馅饼"，线上活动这块"大馅饼"需要我们弄干净后才可以放心食用。如今，活动策划者在策划线上活动时主要应注意4个问题，具体内容如下。

1. 恶意竞争

各行各业的行业内竞争都是非常激烈的，而互联网上的竞争更为激烈。因为互联网上的信息流通快速，今天你的创意活动模式取得了成功，明天就会在其他活动中流行；今天你推出的创意活动文案，明天就可能被人稍加改编拿去宣传，甚至以此攻击你。如淘宝推出的"双十一"促销活动成功后，互联网电商行业又出现了"双十二""618"等促销活动。

面对这个问题，活动策划者在策划线上活动时不能只追求新颖的形式和创意，还需注意活动核心内容的体现和结合，要将活动竞争力的烙印深深嵌入受众的印象中。因为活动的创意和形式是易于借鉴和模仿的，但活动内在的独特价值和竞争力却是很难被动摇的。

此外，在借鉴他人的成功经验时也不能一味模仿，要将自身的独特理念和竞争力融入其中。

2. 网络暴力

不管什么社会，都会有被压抑的一部分人，现代社会的年轻人面对学业、工作、住房等诸多压力，十分需要一个发泄窗口，这个窗口常常就是互联网。

有的人通过网络游戏缓解压力，有的人通过网络社交来调节情绪，还有的人则通过在网络上释放自己内心的暴力和无理来表现不满，这种情况通常出现在电商评价页面和电商客服咨询页面，比如"心情不好给个差评"、无故投诉客服等情况。随着这种风气的蔓延，电商活动也经常受到网络暴力的影响。

例如，某电商推出了一个整点下单免单，中间时间下单返现的活动。本来旨在用于易参与和易中奖的活动来提高活动的参与度和店铺的美誉度，但因参与人数过多，许多在同一时段下单的顾客没有获得免单名额，以致引发不满，纷纷退款给差评。

面对这种情况，活动策划者应仔细考虑活动规则的制定，将可能出现的问题和争议降到最低，这样就可以减少引发参与受众不满的导火索。

此外，还需安排好客服的接待咨询工作，让参与受众的问题能在第一时间得到妥善的解决，以提高他们对活动的满意度。

3. 水军破坏

"网络水军"是经常在网上出现的一个词，它指的是受雇于网络公关公司，在网上配合某些利益行为而制造或引导舆论导向的网络人员。网络水军通常在网络营销中发挥作用，配合营销造势。在行业竞争中，网络水军也常常在暗中进行破坏活动，最常见的就是网络水军对线上活动进行破坏，这种情况常见于直播活动和社交媒体平台的活动。

水军对直播活动的破坏一般都是在弹幕互动环节展开的，通过无意义弹幕的刷屏、发送具有攻击性的弹幕、挑起与活动主题无关的话题等方式引导弹幕内容走向，以此来破坏活动人员与参与受众的交流，影响活动的正常进行。而对于社交媒体平台的活动，水军的破坏活动还有"爆吧""引战"等多种手段。

面对这种情况，活动方要利用好权限，对恶意破坏的水军及时禁言，同时正确引导受众的讨论方向，阻止活动偏离主题。

此外，水军的破坏如果对活动造成了一定的不良影响，还需做好公关工作，安抚正常参与受众的情绪。

4. 诚信危机

诚信危机这一问题主要出现在线上抽奖活动或者带有抽奖环节的线上活动中，一是因为线上活动很难直观地将抽奖过程展示给活动参与受众，奖品的发放也无法直接让观众看到；二是线上抽奖活动中也时常会有黑幕被曝光，降低了互联网用户对抽奖的信任度。

　　例如，某知名国产手机品牌在微博上开展的关于最新款手机的抽奖活动就被人曝出黑幕，连续 3 次抽奖，中奖者居然都是同一人。最后该手机品牌官博因黑幕抽奖被微博官方禁言七天。

　　面对这种情况，活动策划者要尽量提高活动的透明度，最好选择具有一定公信力的线上抽奖平台，并且在联系中奖者时可以请其发布相关证实信息帮助证实奖品已实实在在地送到中奖者手中。

第 2 章

重点把握策划技巧

学前提示 活动策划是需要经验积累的工作,但经验的积累很少给活动策划者带来技术上的优势,因为技术是可以学习的。经验真正给活动策划者带来的优势是技巧。本章将与大家分享一些活动策划的实战技巧,希望能对大家有所帮助。

要点展示
- ▶ 活动策划该凭借什么
- ▶ 活动策划要遵循什么
- ▶ 活动策划应注意什么

2.1 活动策划该凭借什么

活动策划者在进行活动策划的过程中,先要为活动策划找到可以凭借的推动力,即活动的理由。因为你不能直接表明活动的利益目的,这样的话活动还未开始就会激发大多数受众的反感心理。如果赋予活动理由的话,就可以很好地掩盖活动的直接利益目的。这样不仅可以大大增加活动的信服力,还能吸引受众主动参与活动。

2.1.1 合适时机

不管是在现实生活中,还是在互联网上,以时间为理由的活动策划是非常常见的活动类型。例如,苏宁易购的"818 发烧购物节"活动,就是以一个固定时间——"每年 8 月 18 日"来进行促销活动,且活动力度是消费者所期待的。图 2-1 所示为苏宁易购店铺的"818 发烧购物节"活动宣传广告。

图 2-1 苏宁易购 "818 发烧购物节" 活动宣传广告

活动策划中所指的时间,并不单指日期,还可从假日和时节两个方面考虑,前者如春节、圣诞节等,后者如迎春、换季等。

2.1.2 时事热点

时事热点是人们最为关注的话题,活动策划者可以借助它们的"热势",让自己的活动更容易被人们所接受。那么,哪些时事热点可以作为活动策划的素材呢?可以从 3 点入手，即社会热点、明星花边和生活新闻。

图 2-2 所示为某汽车品牌在临近高考期间举办的促销活动，虽然活动内容中没有提及如何助力高考，甚至连一句"高考加油"之类的口号都没有，但只是"助力高考"这四个字就足以让其活动理由充足。

图 2-2　借势高考的促销活动

2.1.3　自身亮点

除了时间和热点两个可以凭借的理由外，活动策划者还可以产品的亮点作为策划活动的凭借，以吸引受众的注意力。在以追求新鲜刺激为时尚的大环境下，"新品"一词无疑有着巨大的吸引力，在现实生活中新品发布会就是一个非常典型、以亮点为理由的活动类型。

例如，小米 9 发布会，就是以"长得好看　超级能打"的"战斗天使"的口号作为活动亮点，吸引各大媒体以及粉丝的注意力，才得以举办成功的，如图 2-3 所示。

图 2-3　小米 9 发布会现场

2.2 活动策划要遵循什么

万事万物都有其一定的内在规律,活动自然也是如此。有一些初出茅庐的活动策划者,在进行活动策划工作时总会遇到各种各样的问题,这常常是因为没有遵循活动策划的规律、规则所致。随着问题的积累,活动策划者也容易遭受打击,甚至出现了自我贬低的情况,这是非常不可取的。

下面就来了解一下活动策划的规则,活动策划菜鸟只有掌握了这些规则,才能在活动策划的过程中避免一些问题的发生,为自己增加一些信心。

2.2.1 一个主题原则

活动策划者在进行活动策划工作时,只需要确定一个核心主题,并围绕此主题展开活动策划。千万不要在一个活动中嵌入多个主题思想,这样策划出来的活动可操作性非常低,是没有任何意义的。

一般来说,活动主题在以下3点的基础上才能得以确定。

- 从企业实际情况出发;
- 根据市场发展状况进行确定;
- 是目标受众所需要的内容。

例如节日活动,活动主题都紧扣节日内容,让受众不感觉违和,也易于让人接受并参与,如图2-4所示。

图2-4 紧扣主题的节日活动

2.2.2 直明利益原则

一个好的活动策划,一般都会将对受众有利的方面直截了当地告诉受众,这样更容易让受众受到活动的感染。

例如,要举办一场优惠促销活动,那么就需要在宣传的过程中,让受众了解到优惠力度,这样容易激发消费者的购买心理,如图 2-5 所示。

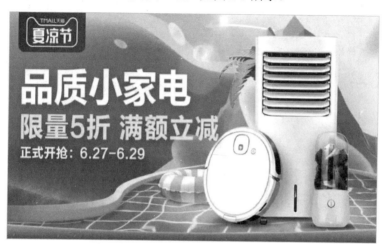

图 2-5　直明利益的促销活动宣传

2.2.3 真实可行原则

活动策划者在进行活动策划的过程中,需要明白自己是否具有执行能力,没有能力执行的活动只不过是空谈,没有任何意义和价值。对自己的执行能力可以从以下 3 个方面进行把控。

- 考虑执行人员的情况;
- 将活动安排周全;
- 考虑外部环境问题。

另外,对一些将执行能力充分进行规划的活动方案,还需防范意外情况,准备一个低配版的执行方案。

2.2.4 随机应变原则

活动策划者千万不要只盯着一种活动类型进行策划,要适时转换活动类型,这样才能大大提高活动的可执行力以及策划者的策划能力。

确定了活动的类型后,也不必拘泥于该方向上特定的活动形式。例如,商场的促销活动也不是只能用优惠和礼品吸引顾客，再由讲解员推销商品。用一些其他的新奇方式吸引顾客，效果有时可能会出人意料，如图2-6所示。

图2-6　灵活宣传的促销活动

2.2.5　创新活动原则

如今，企业利用活动进行营销已经是一种司空见惯的手段了。因此，活动策划者需要遵循创新性原则，在活动中嵌入一些能让人们感到新意十足的内容，可以大大增加对人们的吸引力。

创新性原则要从"科学实践，求真务实"的基础上出发，重点体现在可行性强、实用性强和新颖性强。此外，活动的创新性除了可以吸引大量受众外，还可以给企业带来多方面的好处，如图2-7所示。

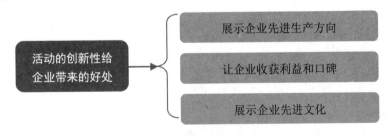

图2-7　活动创新性给企业带来的好处

值得注意的是，活动策划中的创新绝不是指标新立异、胡乱策划，仍然需要遵循

3个要点，具体如下所示。

- 在合法的基础上力求新颖。
- 在合理的基础上进行创作。
- 在合情的基础上创造新意。

同时，活动策划者在遵循创新性原则的同时还需注意以下 3 个事项，如图 2-8 所示。

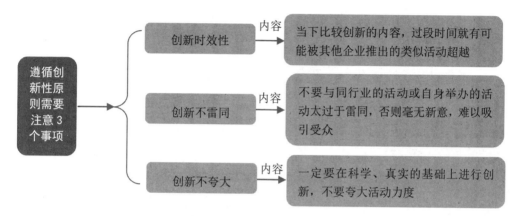

图 2-8　遵循创新性原则的注意事项

2.3　活动策划应注意什么

活动策划并不是一项简单的工作，在复杂的活动环节中有许多细节问题需要活动策划者注意。只有从细节到整体都做到完美的活动才是能让人真正满意和赞赏的活动。下面选取 6 个应该注意的细节，给大家分析参考。

2.3.1　明确活动策划的事项

活动策划者在进行活动策划的过程中容易遇到一些问题，下面就来了解一些活动策划时需要明确的事项，从而让活动策划者规避一些问题。

1．明确受众对象

活动策划者在进行活动策划之前，一定要明确受众对象，且围绕活动受众的需求、喜好来进行活动策划工作。

2．明确活动阶段

一般来说，活动都会分 3 个阶段进行，如图 2-9 所示。

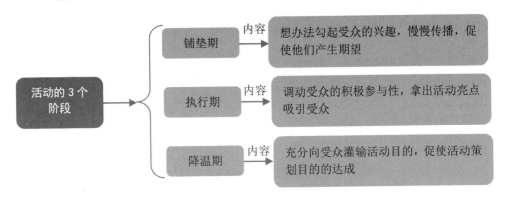

图 2-9 活动的 3 个阶段

2.3.2 活动策划书需要规范

活动策划者在进行活动策划前,需要撰写活动策划书。下面就来了解一下活动策划书常见的撰写规范,如图 2-10 所示。

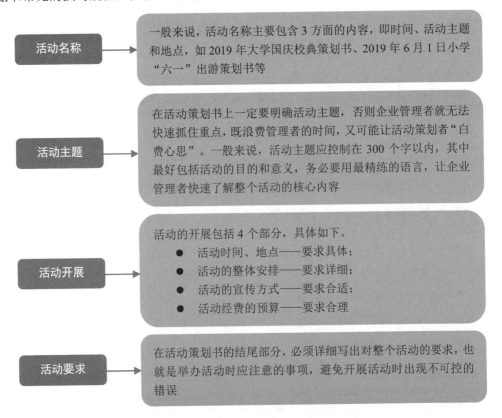

图 2-10 活动策划书常见的撰写规范

2.3.3 提供额外的交通途径

活动的地点虽可由活动策划者选择,但在实践过程中,理想的合适地点往往很难找到。特别是一些以地点为活动主题的活动,地点更是难以变更。此时常常需要活动策划者从其他方面下手,改善对活动不利的状况。

因为活动场地和活动规模的联系十分紧密,所以在选择活动地点出现困难时,往往是在地点位置上做出妥协。位置偏僻的活动地点不利于吸引受众,宣传工作也不容易取得效果。由于交通不便,如果不是对活动十分感兴趣的受众,很可能不会去参加活动,所以此时活动策划者就可以从解决交通工具方面入手,以此改变活动困境。

通常是通过提供额外的交通工具来解决交通问题,比如在城市的中心和活动场地之间设置直达的巴士,如果预算充足的话,还可以将巴士设置为免费乘坐,然后再在巴士车身上张贴活动广告,写上"活动专用车辆"字样——"免费"和"专用"两个词具有很强的诱惑力。这样即使是在远离人群的地方,活动也依然可以吸引不少受众参与。例如,一些地理位置偏僻的自然风景区在举办旅游文化节活动时,通常都会准备大量的景区旅游巴士用来接送观光游客。

此外,一些需要较晚才结束的现场活动,也可以与出租车公司联系,在活动场外布置充足的出租车,方便参与受众安全、顺利地返回居住地,从而进一步提升参与受众对活动的满意度。

2.3.4 赠送小礼品留住受众

活动的人流量对活动的效果有着十分重要的影响——不仅会直接影响活动的参与人数,还会影响活动的宣传效果、价值传播和取得的成果。一般而言,人流量大能够扩大活动效果,人流量小只能取得很小的成果,相关分析如图2-11所示。

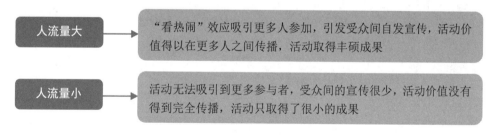

图 2-11 人流量对活动的效果的影响分析

所以,活动策划者不仅要思考如何吸引受众,还要考虑如何留住受众,确保人流量保持增加或稳定的状态,防止人流量减少。常见的留住受众的方法有以下两种。

(1) 在常见的商业促销活动中,多运用更加直接简单的方法留住受众,那就是赠送小礼品。赠送的小礼品种类很多,通常有优惠券、会员卡、科技产品、日用品、商品赠品和小家电等。

这种方法的好处就是操作简单,执行方便,并且由于所赠送的小礼品普遍价值不高,所以可以大量赠送,提高中奖率。高中奖率有助于保持受众对活动的参与热情。

此外,商场在促销活动中加入赠送小礼品还具有一定的筛选功能,被小礼品吸引驻足的受众往往多是对"优惠"和"便宜"比较敏感的受众,对他们进行销售推广也往往更容易成功。

(2) 一般来说,在露天场地举行的文艺汇演活动,经常会运用新颖刺激的节目或有趣味的互动环节来吸引观众,防止冷场。例如,让受众参与互动魔术表演节目就是一种很好的留住受众的方法。

2.3.5 让受众记住并持续影响

活动只是顺利圆满地完成了还算不上是成功的活动策划,只能说是合格的活动策划。如果活动还能给参与者一个比较良好的体验,并且获得了多数参与者较好的评价,那么才可以说这个活动策划让人比较满意。但成功的活动策划还远远不止这些,成功的活动策划不仅要顺利圆满地完成和得到受众的好评,还要让受众记住,并在活动结束后依然能产生一定持续的影响。

例如,一年一度的春节联欢晚会即使在晚会活动结束后仍能引发人们持续的讨论,如图2-12所示。

图 2-12 网络上对春晚持续的讨论

想要让受众记住活动就要营造活动的记忆点,营造记忆点时需注意以下两点。
- 被动记忆源自心理共鸣;
- 营造的记忆点不要超过3个。

人的记忆包括主动记忆和被动记忆两部分,相关分析如图2-13所示。

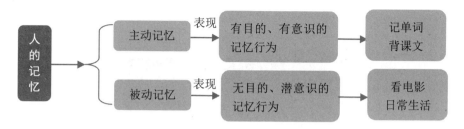

图 2-13 记忆的相关分析

在活动策划中,营造记忆点主要关注的是被动记忆,因为正常的受众来参加活动并不是为了将活动记忆下来。而人的被动记忆源自人的心理共鸣,所以心理共鸣是受众活动记忆点的重要来源。

其实,利用受众的心理共鸣来营造活动记忆点是比较常见的。例如,在晚会活动上,主持人都会说一两段与主题相关的煽情的话或者讲一个感人的故事,也通常会有一个能引起观众情感波动的节目。而在电视节目中也常利用被动记忆源自心理共鸣这一原理,比如选秀节目中选手的"比惨"环节。

对于记忆点的设置不应过多,过多的记忆点往往会让受众产生混乱,反而会失去它应有的作用。一般来说,在一场维持在正常时间范围内的活动中,记忆点可以设置为 2~3 个。它们可以穿插在活动的起始、高潮、尾声 3 个部分之间,这样可以对活动内容起到承上启下的作用。

关于记忆点的设置还有两个小技巧,即结合热点包装和弱旁枝突主干。例如,vivo 手机巧妙包装,借势热点,以 "X27 4800 万广角夜景三摄 发现更多美" 为名冠名赞助了大型综艺节目《极限挑战》,如图 2-14 所示。

图 2-14 vivo 冠名《极限挑战》

又如,家喻户晓的春节联欢晚会就熟练运用了弱旁枝突主干的技巧。在春节联欢晚会的节目编排中,最受关注和期待的通常是语言类节目,但语言类节目在编排时既不会出现在开头作暖场,也不会出现在结尾作压轴,而是出现在各种你完全无法记住的联唱和歌舞类节目的中间,作为转接节目,如图2-15所示。

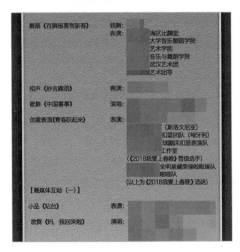

图2-15 春晚节目单节选

2.3.6 活动策划者应具备的素质

任何行业对从业者都会有一定要求,活动策划也是如此。活动策划者应具备一定的素质,主要表现在3个方面,具体分析如下。

1. 创新性思想

活动策划者需要具有创新性思想,这样才能让自己策划出来的活动更具亮点。创新性思想的作用如图2-16所示。

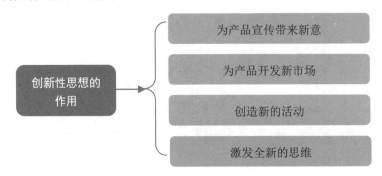

图2-16 创新性思想的作用

2. 强协调能力

活动策划者可以说是整个活动的"指挥员",他们必须具有较强的协调能力,才能与其他人员相互交流，才能保证活动正常运行。那么，活动策划者的协调能力在活动中如何体现呢？具体如图2-17所示。

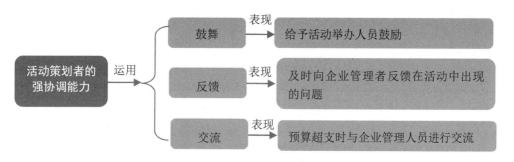

图2-17 活动策划者的强协调能力

3．良好的心理素质

对于活动策划者来说，良好的心理素质是必须要具备的，特别是在处理突发事件时，更能体现活动策划者的心理承受能力。一般来说，活动策划者在心理素质方面至少需要具备4点，即遇事积极乐观、较强的心理承受能力、要有绝对的自信心和突发情况时冷静处理。

第 3 章

加深理解策划工作

学前提示　企业在进行活动策划时,千万不要毫无计划、凭感觉来策划活动,这样策划出来的活动,有效性是非常低的。本章将讲解活动策划时的具体工作,让活动策划者在策划活动的过程中少走一些弯路。

要点展示
- ▶ 活动策划前要考虑什么
- ▶ 策划活动时需准备什么

3.1 活动策划前要考虑什么

活动之所以要策划,是为了让活动变得更有意义,能为企业实现更高的目标。活动从开展到结束,整个过程中的人员配备、活动地点、活动宣传等方面都需要一定的成本,若企业不进行一番好的策划就开展活动,很有可能造成活动成本增加但活动效果不明显的后果,到时企业真可谓"赔了夫人又折兵"。

因此,企业需要牢记活动策划的要点步骤,根据要点来进行活动的策划工作。下面就来了解一下活动策划的要点步骤。

3.1.1 明确活动的根本目标

活动策划前首先要明确活动的根本目标,活动目标不清楚就无法去构思具体的活动步骤,在不清楚活动目标的情况下靠臆测去贸然组织活动策划工作很可能让后续的工作难以进行。所以活动策划负责人在接手活动策划工作时一定要向委托人或者主办方了解清楚活动的根本目标再进行后续工作。

根据活动根本目标的不同,活动的策划方式也不同。如果根本目标是宣传品牌形象,活动地点又指定在人口密集的大城市,那就可以邀请明星举行盛大的文娱晚会,再联系一些知名媒体进行传播,以此造成巨大的社会影响来宣传品牌。但因为现今明星综艺表演节目众多,许多品牌都选择冠名赞助这些节目的方式来进行宣传,这也不失为一种好办法。

如果活动的根本目的是提升企业形象,那就可以由企业主导,进行一场公益活动,提升企业在社会大众心目中的形象,如图3-1所示。

图3-1　××企业举办的公益活动

如果活动的根本目的不是宣传而是盈利，那就可以以产品促销为中心，举办一场盛大的营销活动。因为营销活动容易引起一些人的反感，而且也为了让效益最大化，所以一般应选择在节假日进行活动。

如果活动的根本目的是既想宣传品牌，又想促销盈利，那就可以考虑将活动策划搬到互联网上进行，利用网络的强大功能来实现降低成本，扩大宣传的目标，目前这方面做得最成功的非"双十一"购物狂欢节莫属了。

3.1.2 构思活动的总体方案

企业在进行活动策划之前，需要制定简单的活动总体方案，策划出一个大体的活动雏形，为后续工作提供有效指导。

一般来说，在活动总体方案中至少要列出 6 个事项，如下所示。

- 明确活动主题。
- 确定活动时间。
- 确定活动地点。
- 确定活动对象。
- 安排活动流程。
- 估算活动经费。

这 6 点中，被确定的活动对象一般是企业的忠实用户和潜在用户，所以活动的时间和地点要根据企业忠实用户的特点和需求来决定。

在进行活动策划之前，活动总体方案无须太过详细，不要花太多的时间在策划活动前的准备上，只需满足 3 个要求即可，具体如下。

- 简单、明了、易懂。
- 内容无须过多。
- 方案要素需全面。

3.1.3 估算活动的具体花费

对于活动策划者来说，需要将活动的经费去向罗列清楚，只有这样才能把控好活动经费的支出，也能让企业管理者快速了解活动经费的去向，从而放心地将活动经费交给活动策划者。

活动策划者需要根据活动类型、活动项目、企业具体情况来制作真实、合理、详细的活动整体预算表。例如，需要为××产品举办新品发布会，其整体预算表如表 3-1 所示。

表 3-1　活动整体预算表

活动名称	××产品新品发布会			
活动主题	将××新产品正式向外推广			
用途	项目	单价	数量	总价/元
前期推广	在××电视节目上投放广告	45 000 元/天	7 天	315 000
	制作传单	1 元/张	10 000 张	10 000
	制作邀请卡	2 元/张	100 张	200
场地租借	××酒店大厅	24 000 元/天	1 天	24 000
设备租借	椅子	5 元/把	200 把	1000
	摄影设备	3000 元/台	3 台	9000
	投影机	5000 元/个	1 个	5000
	桌子	10 元/张	10 张	100
	音响	400 元/个	4 个	800
	话筒	5 元/个	4 个	20
食物(含饮用水)	水	48 元/箱	10 箱	480
发布会上的节目	礼仪小姐走秀	600 元/人	10 人	6000
	专业串场节目	1000 元/次	3 次	3000
临时雇用劳务费	签到人员	200 元/人	4 人	800
	摄影师	500 元/人	3 人	1500
	主持人	600 元/人	1 人	600
	保安	300 元/人	10 人	3000
	场地布置人员	400 元/人	15 人	6000
不可预计花费				10 500
总计				397 000

　　活动策划者在制作活动整体预算表时，需要遵循真实详细、凑整、不超过 10%和具体分析这 4 个原则，如图 3-2 所示。

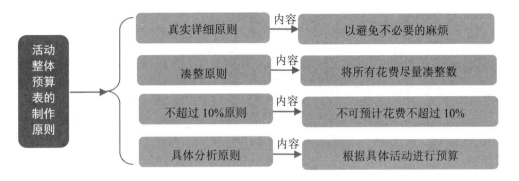

图 3-2 活动整体预算表制作原则

3.1.4 确保活动的真实可行

活动策划者在构思完初步的策划方案后还要分析初步方案中设计的内容是否真实可行,光是预算通过还不行,还要考虑到现场、人员、法规等多方面的原因。

一般来说,确定一份活动策划是否真实可行,应该从 3 个方面进行分析,具体内容如下。

1. 可执行性

从可执行性方面进行分析要了解 4 点,分别是利益和危害之间的指数、成本与效益之间的指数、方式方法是否科学和内容是否合法。

活动具有效益也有风险,举办成功的活动可以带来效益,举办失败的活动不仅不能带来预期效益,还会让活动准备人员的努力白费。所以活动策划者在规划活动内容时要尽量把存在风险的因素去除,以确保活动能够顺利成功地进行。

活动虽具有效益但也需要成本,活动策划者要把握好效益和成本之间的倾向关系。通常来说,策划的活动效益都要大于成本,特别是促销活动,得到的效益如果不能远大于付出的成本,那就背离了根本的目标,活动也就没有举行的必要了。

活动进行的方式方法是否科学合理也需要重点分析,科学合理的工作方式和方法可以节省活动成本,缩短活动筹备时间,保障活动顺利完成。不科学合理的工作方式方法经常会让活动延期,甚至无法举行,导致前期宣传效果降低,让活动效益大打折扣甚至毁于一旦。

此外,活动策划者一定要注意活动的内容是否合法,活动会场的设施布置是否符合相关规定。

2. 实际操作性

从实际操作性方面进行分析需要考虑活动策划的运行能力这一主观条件和人力、物力等客观条件。

抛开运行能力去谈活动策划无异于纸上谈兵,说得再好讲得再棒,可带不好兵、打不赢仗,又有什么用呢?所以活动策划者在策划活动时不要一味地追求充满创造性、新奇独特的活动方案,也要适当考虑主办方的运行能力。

人力、物力等客观条件,也是活动策划中需要考虑的一点,没有人力、物力等客观条件支持的活动策划无异于画饼充饥。所以活动策划者不要有什么新想法就往策划方案里加,要考虑到现有的资源,应以整体活动的实现为本。

3. 绩效性

从绩效性方面进行分析需要考虑活动盈利能力和活动目标价值这两点。

- 活动盈利能力:不管是什么活动,始终是需要回报的,确保活动获得回报是活动策划者必须考虑的重点。
- 活动目标价值:对活动目标价值的论证也是活动策划者必须关注的重点,有价值的活动人们才会相信并参加,才值得投入成本去进行策划。

3.1.5 制定活动的详细安排

制定活动工作安排表也是活动策划者需要关注的问题,更是活动策划不可缺少的一环。活动策划者在进行工作安排时,需要细分工作表,严谨地将工作分配到合适的部门、合适的人上去,且制定好合理的、具体的完成时间。

一般来说,活动工作安排表包括两部分,即前期准备工作和当天工作安排。下面仍以举办××产品新品发布会活动为例,其活动工作安排表如表3-2所示。

表3-2 活动工作安排表

活动名称	××产品新品发布会		
活动主题	将××新产品正式向外推广		
活动开始时间	2019年6月17日下午13:30		
工作	分配部门	时间	日期
确定会场	人事部门	5天	2019年4月15日—2019年4月19日
会场购买使用物料	采购部门	10天	2019年4月22日—2019年4月30日
发送邀请函	人事部门	一星期	2019年5月5日—2019年5月10日
会场设计	设计部门	10天	2019年4月22日—2019年4月30日
会场布置	设计部门	三星期	2019年5月5日—2019年5月24日
检查会场	审检部门	三星期	2019年5月27日—2019年6月17日
临时雇用人才	人事部门	两星期	2019年5月20日—2019年5月31日
宣传广告	产品宣传部	一星期	2019年6月10日—2019年6月14日

专家提醒

活动策划者在安排工作时，最好将时间安排到分钟，越精确越好，这样可以克服工作落实慢的弊端，避免活动当天出现混乱。

3.1.6 确定活动的必要流程

在活动策划中活动具体流程表也是一个重点，活动策划者需要将活动当天的流程安排到位，将它们一一列举出来，让领导、操作人员知道活动大概的整体流程，这样的活动才会更加严谨，更容易举办成功。

仍然以××新品发布会为例，来大致了解活动具体流程表，如表3-3所示。

表3-3 活动具体流程表

活动名称	××产品新片发布会	
活动主题	将××产品正式向外推广	
活动开始时间	2019年6月17日下午13:30	
流程	时间	具体描述
签到	2019年6月17日13:30—2019年6月17日14:00	记录参会媒体
主持开场白	2019年6月17日14:30	主持人上台+轻音乐
节目表演	2019年6月17日14:30	小型音乐会
介绍产品	2019年6月17日13:15—14:35	介绍新产品的性能、生产背景等内容
主持人谢幕	2019年6月17日14:40	发布会全部结束
发布会结束	2019年6月17日14:45	发布会全部结束

专家提醒

活动具体流程表，需要根据活动内容合理制定，不要套模板，应做出一个与众不同的流程，且各个流程之间的时间一定要精确，并将整个活动连接起来。

3.1.7 应对突发情况的备用方案

活动策划总方案至少要在活动开展前的 1 个月进行策划,由于无法预测活动当天发生的事情,所以活动策划者需要制定一份备用活动紧急方案,以应对突发情况。

一般来说,备用活动紧急方案与活动总方案大致相同,只是为了一些不可控的因素而制定的方案。

例如,总方案的活动场地是在室外,活动当天可能会下雨,则可在备份方案中将活动场地改成室内或者在室外加一个雨棚,抑或是准备一些简易的雨衣、雨伞;有可能在活动当天遇到情绪比较激动的受众,需要有应对的准备,或者聘用保安维护现场秩序等,如图 3-3 所示。

图 3-3 某活动现场的安保维护

3.2 策划活动时需准备什么

确定了活动的大致方案后就需要对活动策划的具体工作进行落实,对于这些工作,下面将选取 7 个重点来进行讲解。

3.2.1 提前宣传

对于活动策划来说,活动的宣传方式是活动成功的"带领先驱",当宣传效果非常好时,活动的成功率会大大提高;若宣传效果不佳,那么活动效果必然受影响。

活动虽然有时候会延后,有时候又会提前,但其毕竟都有一个相对固定的时间段,想要在这个固定的时间段内实现活动效益的最大化,就一定要在活动还没开始之前就着手前期的准备工作，正如演唱会要提前售票，电视节目要提前预告一样，活动策划也是需要提前宣传的。下面就从 3 个方面来了解活动中的宣传作用。

1. **宣传的主要作用**

活动宣传的主要作用在于吸引人流量，让人们知晓企业活动的存在，只有这样才能提高活动的成功率。在活动策划书中也可以将活动宣传的手段讲述出来，以加深企业管理者对宣传工作的认识。

下面就来了解活动宣传的作用，如图 3-4 所示。

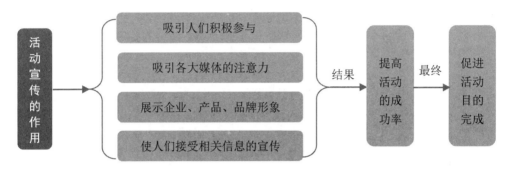

图 3-4　活动宣传的作用

2. **宣传的考虑因素**

活动策划者在选择宣传渠道时，需要考虑其渠道是否能为活动带来最大效果，不然活动宣传就会变成一种既"烧钱"又"无用"的活动。因此，活动策划者在选择宣传渠道时，需要考虑以下 3 个问题。

- 企业精准人气是否在此渠道比较聚集。
- 此渠道能给活动带来怎样的宣传效果。
- 活动是否适合此渠道的整体风格。

活动策划者在选择活动宣传策略时，需要在宣传策略中嵌入 6 大特色，才会具有吸引人们注意力的作用，如图 3-5 所示。

3. **宣传的方式方法**

活动宣传方式多种多样，活动策划者若想在众多的宣传方式中选择一个最合适的方式，则需要从以下 3 个方面考虑。

- 整个活动过程中的成本问题。
- 活动宣传面对的受众是否是活动需要的。
- 活动宣传方式是否适合活动的主题。

除此之外，活动策划者还需要对活动宣传方式有一定的了解，才能从客观上进行选择。下面就以微信朋友圈、热门互联网载体和实体宣传单为例，介绍活动宣传的常见方式，相关分析如图 3-6 所示。

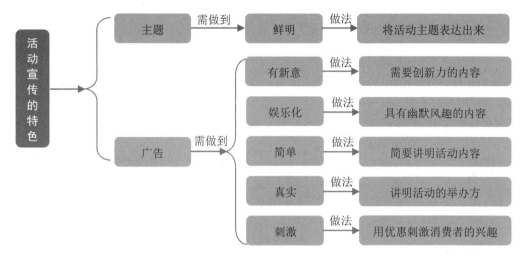

图 3-5　活动宣传的特色

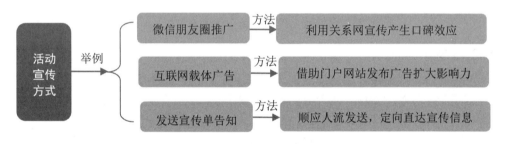

图 3-6　选择宣传方式的举例分析

3.2.2　确定类型

一般来说，活动目的不同，活动类型也会随之不同。下面就列举 3 类活动，来了解如何根据活动目的确定活动类型。

1．众筹型

众筹是如今比较火的一种营销方式，它是在特定的时间内向消费者提供新产品的性能、特色、背景等方面的信息，发起筹款活动，若筹款成功则会给筹款人赠送各种礼物。

例如，京东众筹网上的众筹项目，在"众筹故事"中明确说明了自己筹款的目的，如图 3-7 所示。

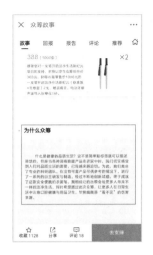

图 3-7 "众筹故事"明确说明自己筹款的目的

从中可分析出此众筹活动背后所隐含的活动目的，如图 3-8 所示。

图 3-8 众筹活动目的

那么就可以设定一些优惠措施来吸引受众参与，如图 3-9 所示。

图 3-9 筹款回报

专家提醒

众筹背后所隐含的目的并不止上面所说的这些，活动策划者需要有判断能力，看自己策划活动的目的是否属于众筹活动。若属于则可策划一个众筹活动；若不属于则需要活动策划者再次考虑，选择合适的活动类型。

2．内部型

一般来说，企业还会以公司员工为受众，举办内部活动。内部活动一般分为两种，且两种类型的活动目的也不相同，如图3-10所示。

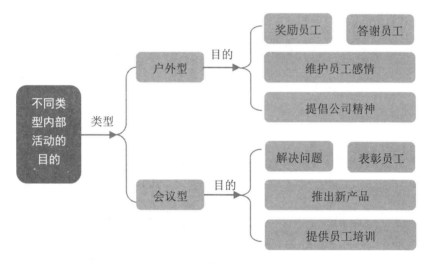

图3-10　内部活动目的

3．促销型

促销型活动，顾名思义，就是指以产品促销为目的的活动类型。这类活动的策划要求并不高，一般在活动策划书中将促销力度、促销背景、促销时间和促销目的4个方面的内容撰写清楚即可。

当然促销型活动的目的，并不只是为了促销产品，还可有其他目的，具体如下。

- 增加产品知名度。
- 提高产品销量。
- 提高品牌美誉度。
- 处理过季产品。

3.2.3　计划时间

对于活动策划来说，时间的选择是比较核心的一个环节，时间选择是否合适能决定活动策划的成功程度。下面就来了解一下在活动策划中时间的选择。

1. 作用

时间对于活动策划来说,具有非常大的作用力:若时间选择不恰当,则会影响活动的举办效果;若时间选择恰当,则会成为促进活动成功的利器,具体分析如图 3-11 所示。

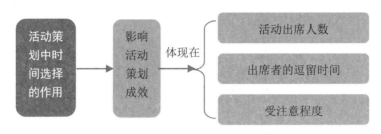

图 3-11 活动策划中时间选择的作用

例如,活动时间安排在工作日的晚上,出席者第二天多要上早班,则会出现出席者逗留时间短的情况。时间太短很难在出席者心中产生深刻的印象,活动效果也会不佳。

2. 阶段

一般来说,活动时间分为 3 个阶段,即活动准备时间、活动协调时间和活动开始与结束时间。这 3 个阶段都需要根据两个因素进行时间的选择。图 3-12 所示为时间 3 个阶段之间的关系与选择时间的两个因素。

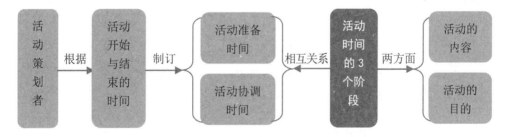

图 3-12 时间 3 个阶段之间的关系与选择时间的两个因素

> **专家提醒**
>
> 在活动策划中,活动策划推动需要预留一部分的时间来规避、检查活动整体准备情况,若发现问题也可用预留时间进行解决。一般来说,预留时间可为 1~3 天,在预留时间内需要做以下两件事。
> - 活动策划团队要一一检查各部门的准备状况;
> - 了解各节目可执行能力,以及工作人员的心情。

3. 问题

活动策划者在选择活动时间时,需要考虑 4 个方面的问题,即具体日期、具体时间、活动时长和预留时间。活动策划者在制定活动时间的过程中,需要考虑的因素如表 3-4 所示。

表 3-4 选择时间需要考虑的因素

因　素	具体内容
关于出席者	避开出席者工作日时间,最好选择星期五的晚上至星期天的下午的时间段
关于主讲人	若主讲人是公司高管,则需要考虑主讲人的时间安排
关于天气	天气不好,会影响出席者、工作人员的心情,且对出行有所影响,很有可能会让出席者产生不出席活动的念头
关于高峰期	若在工作日进行活动,则需要避免在下班高峰期结束,如下午 16:30—17:00
居民生活习惯	开展时间不要太早或太晚,且历时不宜过长,一般控制在 1~2 个小时比较合适
注意风俗习惯	若主要出席者是外国人或者有宗教信仰的人,就需要注意他们所忌讳的数字,或者考虑是否与宗教信仰发生冲突
适当选择节日	活动最好能借助节日来烘托气氛,可是像春节这样的节日,大家都希望和家人在一起,若是在这样的节日举办活动,是难以邀请到出席者的

3.2.4 安排地点

地点是否合适能决定活动策划的影响效果:若在合适的地点进行活动,则活动效果会非常显著;若在不合适的地点进行活动,则活动效果会大打折扣。因此,在活动策划中地点也是成功的核心要素。

1. 作用

在活动策划中,地点是必不可少的一环,若没有这一环,那么活动就会无从下手,届时,再好的活动也不能给企业带来利益。因此,活动地点的选择是活动策划者需要重点考虑的要素。下面就来了解地点在活动策划中的作用,如图 3-13 所示。

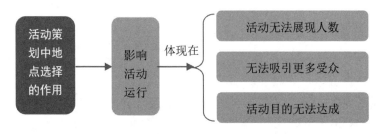

图 3-13 地点在活动策划中的作用

2. 问题

活动策划者在进行活动地点的选择时，需要考虑的方面很多，其中首要考虑的因素就是根据活动类型来选择地点，举例介绍如图 3-14 所示。

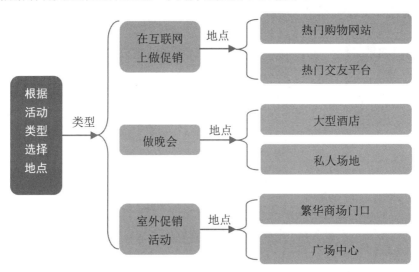

图 3-14 根据活动类型来选择地点

活动策划者在选择活动地点时，还需要考虑成本问题。一般来说，活动策划者是根据企业接受范围内的预算资金来选择地点。下面以 3 类活动为例，介绍根据预算资金选择地点需要考虑的问题，具体如图 3-15 所示。

此外，活动策划者在选择活动地点时，还需要考虑地址问题，应尽量选择交通便利，不太偏僻的地方作为活动地点。

> **专家提醒**
>
> 活动策划者在选择地点时，千万不要随便选择，一定要从各方面进行考虑，务必要挑选一个最合适的活动地点，还可以从地点的人流量率、地点的地理位置等方面考虑地点的合适程度。

活动策划者若是选定了一个地点，不能松懈对地点的考量，还需要考虑其他方面的问题，如图 3-16 所示。

> **专家提醒**
>
> 活动策划者选定地点后，需要将自己所考虑的事项都写在合同中，并与活动场地租赁方签好合同，才能保证不会出现租赁方面的差错。

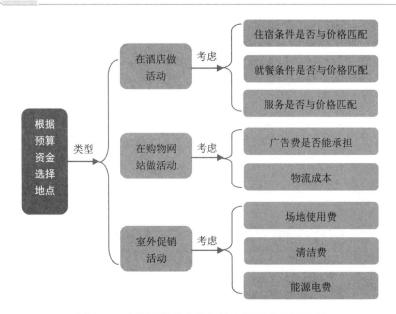

图 3-15 根据预算资金选择地点需要考虑的问题

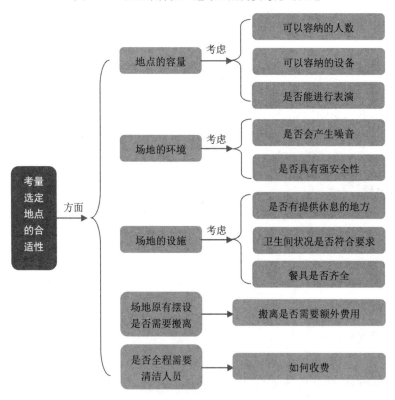

图 3-16 选定地点时需要考虑的问题

3.2.5 组织团队

俗话说："一个好汉三个帮，一个篱笆三个桩。"活动策划也是如此。虽然活动策划者也需要亲临活动现场进行工作，但也不必凡事亲力亲为。活动策划者是活动工作的决策者和指导者，更多的应是进行指导和决策方面的工作。这样活动工作才能更有效率地进行，也能避免错误集中性地发生。

因此，活动策划者在进行活动策划工作之前，千万不要自己一个人埋头苦干，不然策划出来的活动会出现不严谨的情况。基于此，活动策划者在进行活动策划时需要组织一个团队，一起完成活动任务，团队人数可根据活动大小来确定。

- 一般小型活动在 10 人以下即可。
- 大型活动要根据活动的具体要求确定人数。

活动总策划者需要根据团队人员的性格、爱好、技能来分配任务，只有这样团队人员在处理问题上才会有效率。

在团队中，还需要多开会议，征求团队成员对各方面工作的意见和看法以及考虑是否要求助外援，如活动策划专业人士、公关方面的公司、活动运营导演等，通过他们专业的技能来给活动添彩。

另外，在组织团队方面，活动工作人员还需要注意以下 4 个方面的要求。

- 衣着方面的要求。
- 行为举止方面的要求。
- 礼节方面的要求。
- 处事风格方面的要求。

3.2.6 互动节目

互动环节和节目环节是活动的重要组成部分，它们虽然有时候并不是活动的主体环节，但活动策划者在策划活动时一定不可忽略这两个环节。

在晚会活动中，节目表演是活动的主体内容，因为场景的布置或者后台道具的准备等原因，两个节目间通常会有一段间隙时间，这时候一般是由主持人在幕前支撑这段时间。但这种节目衔接方式就像电视节目插播广告一般，过多就会使人厌烦，特别是在小节目多的活动中，间隙时间的问题就更加难以回避了，这时候就可以在间隙时间加入简短的观众互动或者小节目来提高受众人群的兴趣。

当然，互动环节和节目环节的功能不只是过渡间隙时间这一点，相关功能分析如图 3-17 所示。

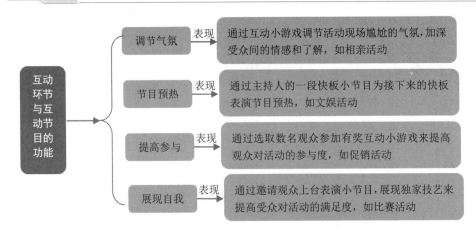

图 3-17　互动环节与互动节目的功能分析

3.2.7　调查来宾

虽然活动的最终目的和利益指向活动主办方,但活动的直接服务群体还是受众群体,即参与活动的来宾。因此,活动策划者在进行活动策划之前,一定要明确受众对象,并且围绕活动受众的需求和喜好两方面开展活动策划工作。

对于一些十分重要的受邀来宾,活动策划者需要将邀请的客人列在表格中,然后再确认客人是否能如期到达。且活动座位有前后顺序,一般应将比较重要的客人安排到最靠前的位置,然后按客人的主次安排座位。

在邀请客人之前,还可以拟出两份客人名单,第一份名单是主要客人,第二份名单是次要客人,若主要客人有的不能如期到达,则可以立刻邀请次要客人补位,如图 3-18 所示。

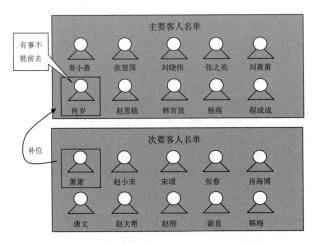

图 3-18　主次客人补位图

第 4 章

准确控制执行活动

学前提示 无论是线上还是线下,每一场活动的成功开展都是建立在众多准备工作基础上的。而做好准备工作后,接下来就需要很好地执行活动了。那么,活动策划者应该从哪些方面把握活动的执行呢?本章将从流程控制、人员控制和节奏控制这3个方面,详细介绍活动的执行。

要点展示
- ▶ 活动流程控制
- ▶ 活动人员控制
- ▶ 活动节奏控制

4.1 活动流程控制

活动进行的时候也并不意味着活动策划者就可以休息了，活动策划者的工作应当贯穿整个活动的始终。本节将为大家讲解活动现场的流程控制工作。

4.1.1 确认活动流程表

活动流程表是在活动筹备期间制作完成的，但是在进行活动时还需再次确认一遍，确认现场工作人员都了解活动流程，熟悉自己的工作是什么，知道相关人员的任务是什么。

每一场活动都是现场直播，即使出了差错也无法重新开始，因此确认活动流程表是在活动进行前确保活动顺利进行的最后一道屏障，所以活动策划者必须确保落实这一工作。

一些大型的活动，甚至会在活动开始前进行数次彩排来确保活动流程的顺畅无误，如图4-1所示。

图4-1　××周年庆晚会活动的彩排现场

4.1.2 防范活动现场失序

活动现场失序是十分严重的问题，它会导致活动无法正常进行，即使是在网络上进行的活动，也难以避免这个问题。因为失序的人们在同一时段进入活动页面，导致服务器处理不及而崩溃，如图4-2所示。

图 4-2 服务器崩溃的活动页面

因此,在活动进行时活动策划者和其团队必须对活动失序问题严加防范。

特别是在线下,大型活动的失序往往会产生比较大的影响。同时,活动策划者也应该注意,通常大型线下活动的失序并不是由大量的人群造成的,因为活动现场都有负责引导的人员和措施,引起人群失序的往往是活动现场的不安定因素,比如人群中的情绪不稳定者捣乱或现场设施发生意外而引起人群恐慌失序。所以可以从以下两方面进行防范。

- 全面监控活动现场,及时排除影响安定的因素。
- 定时巡逻检查设施,实时确保活动现场的安全。

4.1.3 发挥主持人的作用

在活动的流程控制中,主持人的作用至关重要,因此,要发挥主持人的作用来进行活动流程控制。

一般来说,主持人在活动现场扮演着十分重要的角色,如果说活动策划者是幕后的规划者,那主持人就是台前的指挥者,优秀的主持人能为活动增色添彩,合格的主持人能引导活动顺利进行,拙劣的主持人则会使活动毁于一旦。

图 4-3 所示为主持人在活动中的作用。

图 4-4 所示为某电视台的著名主持人在一档知名节目直播中面对突发情况的一次完美救场表现。

图 4-3　主持人在活动中的作用

图 4-4　主持人完美救场

由此可见，主持人对活动的顺利进行起着重要作用，所以活动策划者在决定主持人选时一定要提高要求，注意人选的职业素养。如果确定不了一个各方面技能突出的人选，也可以选择两个人主持或多个人主持，以形成优势互补。

4.1.4　活动现场引导分流

对于大型活动来说，参与者总是众多的，太多的人聚集在一起容易引发诸多问题，这些问题常常会影响活动的顺利进行，所以活动进行时活动策划者应将人员的引导分流问题考虑好、解决好。

不管是在线上还是线下活动中，引导参加活动人员有秩序地参与活动是十分重要的工作。通常来说，最常见的就是引导参与者排队或引导参与者配合活动，如图 4-5 所示。由图右侧显示的内容来看，该主持人是在活动即将结束时引导受众参与提问，配合活动。

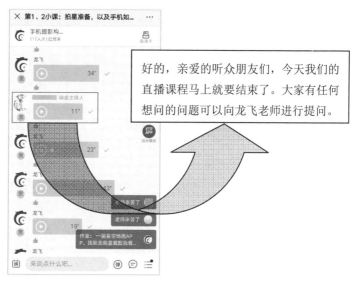

图 4-5 引导受众配合活动

此外，还有在活动现场的主要通道放置广告牌和贴挂宣传标语引导群众接受宣传等，如图 4-6 所示。

图 4-6 放置在主要通道上的引导牌和广告牌

4.1.5 做好活动摄影安排

在线下活动中，安排摄影环节和做好摄影工作是必不可少，因为线下活动中的摄影环节所留下的照片不仅可以作为活动参与者和举办方的留念，还是后期宣传的必备资料。

图 4-7 所示为"手机摄影构图大全"开展的线下私房课课后活动宣传内容中的私

房课现场照片。

图 4-7　线下私房课课后活动宣传内容中的私房课现场照片

那么，在线下活动进行过程中，活动策划者应该做好哪些安排，从而确保活动现场的摄影工作符合参与受众的纪念和品牌方的宣传要求呢？在笔者看来，活动过程中的摄影安排主要在于确定拍摄的内容。线下活动要拍摄的内容主要包括 3 个方面，如图 4-8 所示。

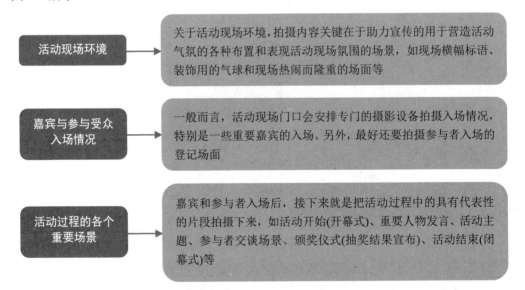

图 4-8　线下活动要拍摄的主要内容

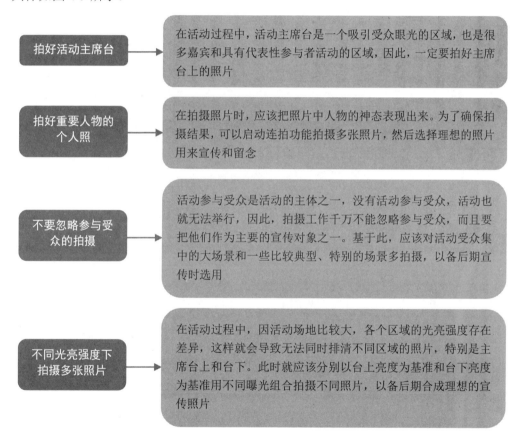

图 4-8 线下活动要拍摄的主要内容(续)

在拍摄过程中，要想确保拍摄内容满足宣传需要，就需要注意 4 个方面的问题，具体如图 4-9 所示。

图 4-9 拍摄过程中要注意的 4 个问题

专家提醒

其实，要做好拍摄工作，除了在活动过程中做好活动摄影安排外，还应该在活动进行前与摄影师进行沟通，让他们了解活动流程和基本情况，了解拍摄需要达到什么目的，然后再制订具体的活动拍摄方案。

4.2 活动人员控制

在活动现场，一般包括两类人：一是活动主办方及其工作人员，二是来参与活动的人员。对这两类主体，活动策划者应分别加以重视，让其有序、有效地参与到活动中来，从而达到活动顺序开展的目的。本节将从参与嘉宾与受众和工作人员两个方面来介绍活动过程中的人员控制。

4.2.1 核对参与嘉宾与受众

针对活动的参与嘉宾与受众，活动策划者除了做好活动中的引导工作外，还应该做好核对工作。特别是一些线下室内活动，出于活动场地、承载量和活动安全等方面的考虑，需要让选定的活动嘉宾和受众参与活动，一般需要设置签到环节，以便进行核对。图4-10所示为××活动现场的签到环节。

图4-10 ××活动现场的签到环节

参与活动的人员，无论是嘉宾还是普通的参与受众，都要签到。这样可以了解参与活动的人群的基本情况，从而根据具体情况安排后续的活动环节。

1. 嘉宾签到

虽然在活动策划环节和活动准备过程中，就对参与活动的嘉宾进行了安排，也确认了他们是否能如期抵达，但是，最终的嘉宾到场情况还需要根据签到情况来决定。因为通过电话、短信等途径确认能如期到场的嘉宾，可能会因为各种意外情况而无法前来的情况。

了解了嘉宾的签到情况后，如果有重要嘉宾无法如期前来，就应该做出合理的安排，按照突出状况来处理，让活动能有序进行下去。

例如，对于因特殊情况而无法如期前来的嘉宾，如果与之相关的活动环节可以调整顺序，就可以把相关环节放到后面进行；如果不可以调整顺序，则可以与活动举办方协商，安排其他嘉宾参与进来。当然，如果与之相关的活动环节并不是不可缺少的，则可以删除该环节活动。

2．普通的参与受众签到

普通的参与受众可分为两种：一种是开放性活动的参与受众，一种是非开放性活动的参与受众。针对开放性活动的参与受众，其签到的作用是确定参与人数，确定活动规模——为后期活动总结和复盘提供数据参考。针对非开放性活动的参与受众，其签到的作用是通过受众的到场率，一方面思考前期宣传效果和策划的活动吸引力程度，另一方面可以方便现场管理和接待工作，并为后续的活动安排提供参考。

专家提醒

随着社会和科学技术的发展，签到的方式也发生了变化。根据签到载体的不同，活动签到主要有 3 种方式，即手写签到、电子签到和创意互动签到，下面分别进行介绍。

1) 手写签到

这种签到方式是历史久远且用得比较多的简单直接的签到方式。一般而言，手写签到主要是提供签到本或签到摆件(如地球仪、酒瓶等)来进行签到。然而考虑到这种签到在签到姿势、照片效果以及宣传效果方面的影响，一些大型的线下活动使用签到墙签到的形式进行签到。

相对于传统的签到本签到，使用签到墙签到有着一定的优势，具体如图 4-11 所示。

2) 电子签到

电子签到是一种基于计算机技术、通信技术、身份识别技术和多媒体互动技术开发出的签到方式。相对于手写签到来说，电子签到明显更智能。当然，这种更具智能性的签到方式，其形式也是多样化的，其中，比较常见的是刷身份证签到、二维码签到、手机验证码签到等。

一些活动举办方为了增加活动的有趣性和活动的签到便利性，也推出了其他的电子签到方式，如刷脸签到，这是一种利用人脸识别技术来完成签到的。另外，AR 签到、3D 签到等也是基于新技术而出现的富有趣味性的签到方法。

3) 创意互动签到

创意互动签到，顾名思义，其特点就表现在"创意""互动"两个方面，具体分析如图 4-12 所示。

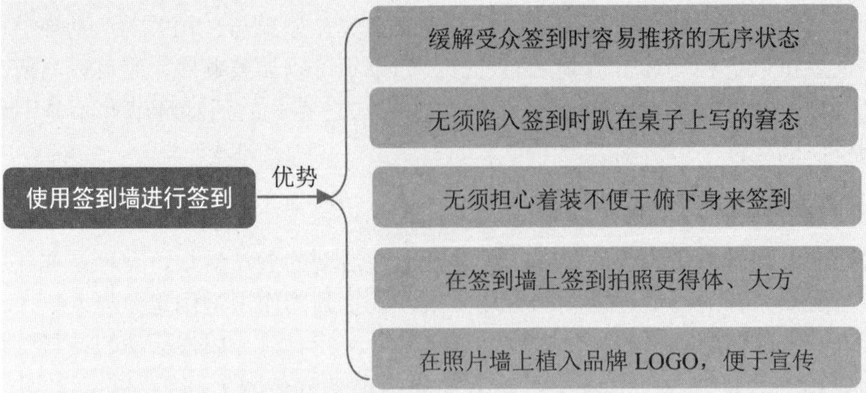
使用签到墙进行签到
优势
缓解受众签到时容易推挤的无序状态
无须陷入签到时趴在桌子上写的窘态
无须担心着装不便于俯下身来签到
在签到墙上签到拍照更得体、大方
在照片墙上植入品牌 LOGO，便于宣传

图 4-11　使用签到墙签到的优势

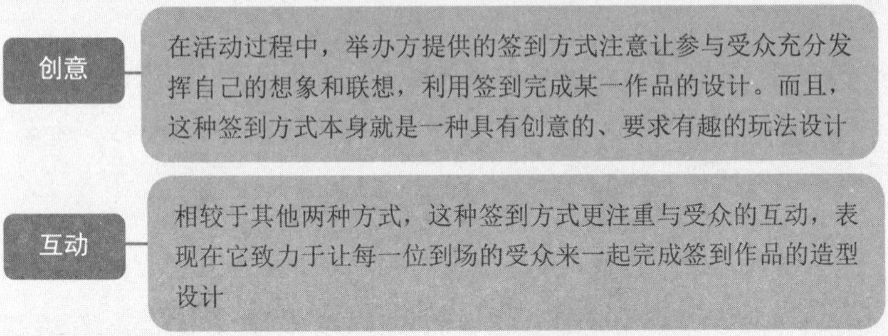
创意
在活动过程中，举办方提供的签到方式注意让参与受众充分发挥自己的想象和联想，利用签到完成某一作品的设计。而且，这种签到方式本身就是一种具有创意的、要求有趣的玩法设计
互动
相较于其他两种方式，这种签到方式更注重与受众的互动，表现在它致力于让每一位到场的受众来一起完成签到作品的造型设计

图 4-12　创意互动签到方式的两个特点

创意互动签到的形式包括拍照签到、指纹签到、贴纸签到、点灯签到、唇印签到、拼图签到等。图 4-13 所示为××活动现场的点灯签到造型展示。

汇聚梦想
亿启未来
HUIYI

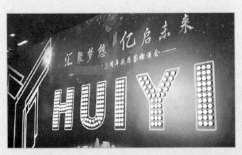

图 4-13　××活动现场的点灯签到造型展示

4.2.2　确保工作人员沟通顺畅

沟通在活动中起着十分重要的作用，工作人员的工作是紧密相连的，只有他们之

间有效配合才能有活动这一整体。越是大型的活动工作环节越多，相应的工作人员也就越多。俗话说"人多手杂"，众多的人员同时工作难免会出现疏漏。如果出现了疏漏，工作人员之间不能很好地沟通解决，那疏漏只会越来越多，越来越大，最后影响到活动的正常进行。

由此可见，确保活动工作人员间沟通的顺畅十分重要。要做到确保沟通顺畅可以从以下两点着手。

- 确认各相关工作人员之间有通畅的沟通渠道。
- 确定统筹活动工作信息管理的人员或团队。

4.3 活动节奏控制

说到活动节奏，可能很多人感到很抽象，难以理解。下面以线上促销活动为例来进行简单说明，帮助读者了解什么是活动节奏。

某一线上促销活动在安排促销方案时，分为3个时段来吸引有效访客，达到促销目标。该促销活动的3个时段具体如下。

1) 开始时段

为了吸引有效访客，商家在开始时段推出了优惠力度比较大的打折活动。当然，可以通过设置竞争活动来达到这一目标，特别是比较常见的一类能形成紧迫感的竞争活动，如图4-14所示，它们能刺激消费者快速下单。

图 4-14 通过设置竞争活动来刺激消费者快速下单

图 4-14 所示就是推出了竞争活动来刺激消费者快速下单的案例，如"下单即赠10盘(赠完即止)""今日前10拍下只要惊喜价630"等。其中，前者的促销效果显而

易见——在下方显示了"×××已售光"的字样。

2) 中间时段

经过前期力度较大的优惠活动后,产品吸引了很多消费者关注。此时访客的流量上去了,促销活动策划者就可以安排比较平稳的优惠活动了,也就是此次活动策划的预定优惠力度。在这一时段访问的消费者,一般更看重产品本身——只要产品优质,性价比不错,消费者就会下单。因此该时段的优惠节奏明显放缓。

3) 结束时段

在促销活动中,一般都会存在一些虽然加入了购物车但没有付款的消费者,结束时段商家要做的事就是让这些消费者付款,完成交易。在将要结束的时段,商家安排的促销活动节奏应该是比较大的——仍然要稍微小于开始阶段,同时应该加强消费者对活动节奏的感知,如提醒消费者,产品将要恢复原价了,想要的从速购买。

从上面促销活动划分的 3 个时段中,我们可以清晰地感知到活动的节奏感,此时相信大家对活动节奏已经有所了解了。接下来,我们将从 3 个方面具体介绍活动过程中的节奏控制。

4.3.1 控制时间点节奏

大家都知道小说的情节包括 4 个部分,即开端、发展、高潮和结尾。其实,活动也是如此,它主要分为 5 个时间点,即开幕、渐强、高潮、渐弱和落幕。其中,开幕、高潮和落幕,是活动过程中应该重点把握的 3 个时间点。

而这些时间点的划分,主要是基于受众的注意力而言的。关于人的注意力,从沟通出发位置来划分,可分为 4 种,即视觉主动注意力、视觉被动注意力、听觉主动注意力和听觉被动注意力,具体分析如图 4-15 所示。

由图 4-15 可知,抛开视觉与听觉这两种不同的感官分类,人的注意力可分为主动注意力和被动注意力。而人的注意力在活动过程中的曲线变化,就构成了活动的不同时间点——从大的循环来看,活动中的人的注意力包括两个从被动注意力转化为主动注意力的过程。正是这两个转化过程的人的注意力的变化,构成了活动过程的时间点的划分。

关于人的注意力从被动到主动的转化,第一次是从开幕到高潮的转化,具体分析如图 4-16 所示。

在活动过程中,人的注意力完成了第一个从被动到主动的转化过程后,紧接着就是第二个转化过程。因为当受众在活动高潮时自己参与活动的意愿得到满足,其心理期望也得以达成的时候,受众的自我情绪就会快速回笼,影响活动的参与意愿。此时活动就需要把握节奏,安排相应环节迅速进入从被动注意力到主动注意力的转化过程,直至闭幕。关于第二个人的注意力的转化过程,具体分析如图 4-17 所示。

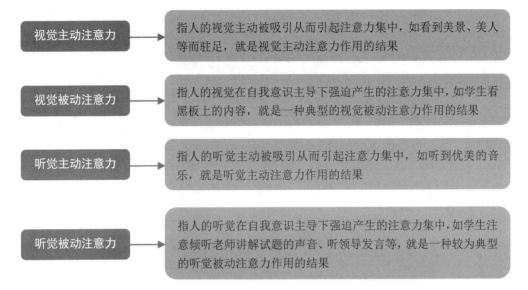

图 4-15 从沟通出发位置来划分人的注意力的类型分析

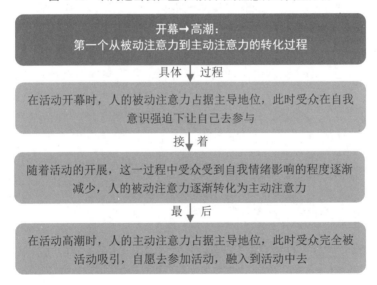

图 4-16 活动过程中"开幕→高潮"人的注意力的转化分析

在这两次的转化过程中,如果没有让受众的注意力完成从被动到主动的转化,受众的心理期望也没有顺利达成,那么他们极有可能在活动高潮前或活动结束前离开,从而影响活动的效果。

```
┌─────────────────────────────────────────┐
│ 高潮→闭幕：                              │
│ 第二个从被动注意力到主动注意力的转化过程  │
└─────────────────────────────────────────┘
              具体 ↓ 过程
┌─────────────────────────────────────────┐
│ 在活动高潮过后，人的情绪回笼，并回到顶点，也就是回到人的 │
│ 被动注意力占据主导地位的状况，受众强迫自己去参与活动 │
└─────────────────────────────────────────┘
              接 ↓ 着
┌─────────────────────────────────────────┐
│ 随着活动的开展，这一过程中受众受到自我情绪影响的程度又一 │
│ 次逐渐减少，人的被动注意力又重新逐渐转化为主动注意力 │
└─────────────────────────────────────────┘
              最 ↓ 后
┌─────────────────────────────────────────┐
│ 在活动闭幕时，也就是俗称的"压轴"阶段，心理期望顺利达成， │
│ 人的主动注意力占据主导地位，此时受众完全被活动吸引，自愿 │
│ 去参加活动                               │
└─────────────────────────────────────────┘
```

图 4-17　活动过程中"高潮→闭幕"人的注意力的转化分析

例如，2019 年中央电视台春节联欢晚会在安排节目时，把能表现大家意气风发状况、彰扬国家和民族发展主题的歌舞节目《我们都是追梦人》放在了高潮部分，同时又把一首情感浓郁、激情昂扬的歌曲《难忘今宵》作为压轴节目放在了最后。

综上所述，活动执行过程中应该控制时间点节奏，在开幕、高潮、落幕这 3 个时间点上，安排一些能吸引受众注意的活动节目，这样才能让活动举办成功。例如，很多的线下活动，一般在开幕时会有精彩的节目表演、领导致辞等，高潮部分会有重要产品、明星人物亮相等，落幕部分会有抽奖、压轴节目等，这些都是通过对时间点进行控制，合理地安排节目顺序的表现。

4.3.2　控制气氛点节奏

说到气氛点，大家可能觉得很抽象，然而如果提到了一个与气氛点相关的概念，如背景音乐，就会瞬间明白气氛点是什么了，也就会明白活动中应该如何控制气氛点了。图 4-18 所示为纪录片《西南联大》搭配背景音乐的示例。

图 4-18 所示的纪录片《西南联大》片段，正是闻一多先生被暗杀于昆明街头的片段，搭配的背景音乐是有着忧伤旋律的歌曲《也许》——这也是闻一多先生写给夭折女儿的诗作，能很好地调动受众的情绪，把握纪录片的节奏点。

确实，音乐是一个能很好地调动受众情绪的媒介。因此，在此笔者就围绕背景音乐，以举例的方式来说明在活动中如何控制气氛点。

图 4-18　纪录片《西南联大》搭配背景音乐的示例

1. 药店促销活动

在促销活动中,需要使用合适的背景音乐来让消费者感到愉悦,就需要让背景音乐的旋律与消费者听觉器官所感受到的节奏相吻合。只有这样,才能在一定程度上营造一种合适的活动氛围,刺激消费者下单,推动促销活动举办成功。

那么,药店如何安排线下促销活动的背景音乐,才能很好地控制活动的气氛点呢?下面将从两个方面来介绍药店促销活动的背景音乐安排。

1) 选择合适的音乐种类

对于药店促销活动而言,选择背景音乐首先应该遵循选促销活动的背景音乐的一般法则,具体如图 4-19 所示。

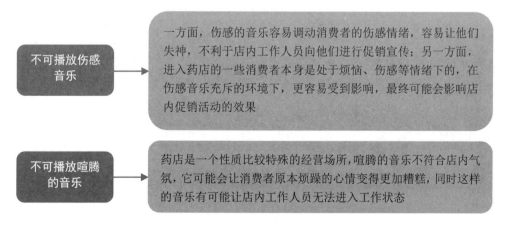

图 4-19　药店促销活动的背景音乐应该遵循的一般法则

除此之外,在促销活动中,活动策划者还应该根据药店的定位来选择合适的背景音乐——因为定位不同,其目标消费者也不同,自然其所喜爱的音乐也存在差距,具体如图 4-20 所示。

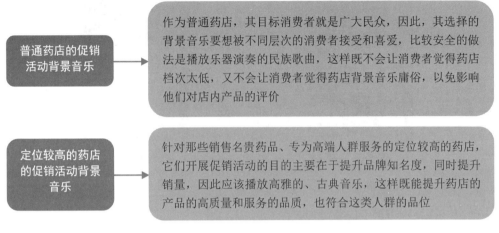

图 4-20　根据药店的定位为促销活动选择合适的背景音乐

2) 不同时段选择不同的音乐

活动策划者在控制气氛点的时候，还应该根据活动参与者所处的具体环境来选择背景音乐，以便更好地把握受众的气氛点。具体来说，以一天为一个活动周期，那么其气氛点的节奏控制具体如图 4-21 所示。

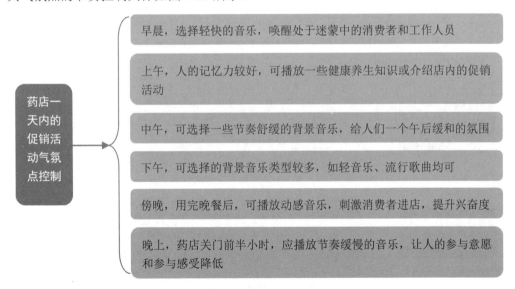

图 4-21　药店一天内的促销活动气氛点控制

专家提醒

活动策划者要注意的是,在活动过程中,背景音乐虽然是控制活动气氛点的有力媒介,但要注意一个适度原则。也就是说,一方面不能喧宾夺主,完全以背景音乐来控制活动气氛点,而是要适当加入一些介绍品牌和促销活动的信息;另一方面不能设置太大的音量——以不影响店内人员交谈的音量为宜。

2. 婚礼活动

相对于上文介绍的药店来说,婚礼活动现场的音乐在气氛点的控制上具有更重要的作用。因此,应搭配好活动过程中各环节的背景音乐,以便能很好地烘托气氛和衔接各个环节。关于婚礼的背景音乐,以一些环节为例,具体如图4-22所示。

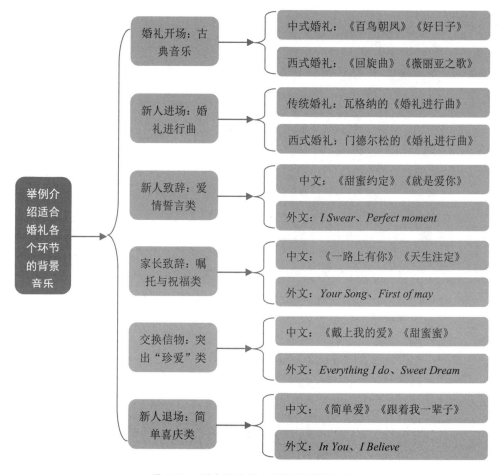

图4-22 适合婚礼各个环节的背景音乐

4.3.3 控制记忆点节奏

无论是线下活动还是线上活动,其持续时间少则一两个小时,多则几天甚至十几天,其所包含的信息内容是很多的,然而真正能被受众记住的又有多少呢?在笔者看来,能记住的信息是有限的,且随着时间的推移,完全有可能湮灭在记忆长河中,不见踪影。

活动策划者要想让活动成功,就应该在活动执行过程中打造一些能被受众记住的东西,这样的影响才是比较长久的,特别是对一些致力于提升品牌知名度和辨识度的活动来说,更应如此。

例如,大家熟悉的"德芙巧克力"品牌宣传活动,其广告词有很多,但是让更多人记住的则是"纵享丝滑"和"纵享新丝滑"。图 4-23 所示为德芙巧克力的品牌宣传广告。

图 4-23 德芙巧克力的品牌宣传广告

作为宣传德芙巧克力的两支广告,其广告宣传中并不只有这两句,那么为什么它们却给受众留下了更深的印象呢?其关键就在于记忆点的打造。德芙巧克力优质如丝滑般的细腻口感,是很多品尝过德芙巧克力的人的共同感受。可见,产生记忆点的一个原因是能让受众产生情感共鸣和心理共鸣。

当然,在策划活动过程中,为了让受众的记忆点更深刻,还应该注意的一点是,在宣传活动和活动执行过程中,突出活动主题,强化宣传重点,弱化次要特点。就如德芙巧克力一样,其品牌宣传中突出的是其口感方面的突出特点——丝滑,然后让受众在产生心理共鸣的情况下深深地记住。

其实,除了突出活动的主题、宣传的重心外,活动策划者还可以通过活动包装来营造记忆点,特别是把活动与时事热点相结合,更能让人印象深刻。如图 4-24 所示的活动就是借助"中秋节"这一热点打造的"龙民节"活动。

图 4-24　结合热点营造受众记忆点

第 5 章

结束活动完美收尾

学前提示 　活动执行后，并不表示与活动相关的工作已全部结束，只有做好后续的相关工作，才有利于大家了解活动，认识到活动的具体成果。本章将从清场收尾、总结复盘、各方面评估和活动资料的存档这 4 个方面，详细介绍活动执行后应该做好的工作。

要点展示
- ▶ 活动的清场收尾
- ▶ 活动的总结复盘
- ▶ 活动的各方面评估
- ▶ 活动资料的存档

5.1 活动的清场收尾

活动结束后并不表示活动策划者的所有工作已全部完成,因为此时他们还需要进行清场收尾工作。所谓"清场",是指清点现场,清退所有在活动现场的人员。所谓"收尾",即做完活动最后部分的工作。具体来说,活动结束后的清场收尾工作主要包括以下内容。

1. 疏散人群

这里的"人群",主要是指参与活动的嘉宾和受众。那么,对于这类人群,活动策划者应该如何合理地进行疏散呢?其实,与活动入场有着类似之处,它也要求活动策划者安排好退场秩序和退场方式等。

1) 退场秩序

活动策划者应该在活动即将结束时做好嘉宾和受众退场的准备工作,安排相应人员引导其退场。对一些重要的嘉宾和受众,活动举办方和活动策划者还应该予以特别关照,提升他们参与活动的体验,为活动的后续宣传工作和树立口碑奠定基础。

特别是在促销活动中,对于那些大订单受众和有实力的潜在目标受众,应该在建立好联系的基础上,再一次承诺好产品订单,并做好送客工作,以便让受众回购。

2) 退场方式

在疏散人群时,还有一项工作也需要做好,那就是安排好受众退场的方式,特别是当活动现场处于交通不太便利的地方时,更要安排好车辆、司机和班次,让活动参与受众能轻松、有序地离场。

2. 清点物料

活动结束后的清点物料,主要是指对需要回收的物料进行清点。从物料类型来说,包括搭建活动现场的物料和活动物料。前者如 LED 显示屏、舞台搭建、音响等;后者如抽奖箱、抽奖券、礼品等。

专家提醒

其实,活动物料有很多,从其作用来看,主要包括4类,具体如下。

- 舞台装饰物料:如舞台桁架、背景板、帐篷、签到桌、鲜花绿植等。
- 现场包装物料:如彩虹门、高空气球、功能区导示牌、警示牌、花篮等。
- 销售产品物料:如收据、销售合同、活动促销宣传册、手提袋、价目表等。

- 活动必备物料：如邀请函、礼品、抽奖机、奖品、饮用水、一次性水杯等。

那么，在清点物料时，活动策划者应该从哪些方面着手呢？一般来说，包括 3 个方面，具体如图 5-1 所示。

图 5-1 清点物料应该做好的 3 个方面的工作

3. 清理垃圾

活动结束后，除了应该对需要回收的物料进行清点，以免遗失外，还应该对不需要回收的物料进行清理，确保活动现场干净整洁。

在清理活动现场的垃圾时，活动策划者要注意把握时间，因为活动场地的使用都是有时间限制的。

专家提醒

对活动举办方和活动策划者来说，还应该与活动场地的所有者做好交接工作，核对无误后收回押金。

4. 清退人员

活动现场的人员除了活动受众外，还包括活动相关工作人员。对这些人员，也应该做好清退工作。换句话说，对外聘的人员应该按照规定结算好工资后清场，对非外聘人员也应该按照规定做好善后工作，如工作证件的回收、出入证的回收等。

专家提醒

特别是对一些在异地举办的活动，活动策划者在撤离时，应该清点活动相关工作人员，以免发生遗漏。

5.2 活动的总结复盘

完成活动现场的相关清场收尾工作后，活动的执行暂时告一段落。但是对于整个活动的成果，活动策划者和活动举办方都会迫切希望有一个定论，以便衡量活动是否成功。此时就需要对活动进行总结复盘。

活动的总结复盘，其实是一项既能衡量活动成功与否，又能为后续活动提供参考的工作，需要活动策划者加以注意和重视。本节将从 3 个方面来介绍活动的总结复盘工作。

5.2.1 收集来宾评价

活动结束之后，最好是制作一个评估调查问卷，向员工、参与活动的媒体投放，了解他们对活动的满意度，以便为以后的活动策划提供借鉴。

活动策划者在制作评估调查问卷时，需要明确两个内容，即评估的目的和评估的内容。活动策划者需要根据评估目的制订评估内容，常见的就是对整个活动进行评估，找出活动整体开展过程中的优缺点，积累经验，以便让以后的活动策划更加完善。

一般来说，活动策划者可以针对 4 个方面进行评估，如图 5-2 所示。

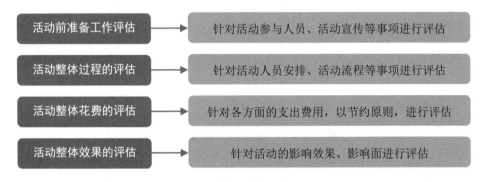

图 5-2　进行评估的 4 个方面

以某产品的新品发布会为例，针对活动整体效果以制作一个简单的评估调查问卷来进行评估，其中评估调查问卷可以从以下 4 个方面进行调查。

- 直接询问是否对活动整体满意；
- 对产品是否有不同的意见；
- 对活动节目是否满意；
- 对活动内容是否记住。

下面就来看一下针对活动整体效果的评估调查问卷模板，如图 5-3 所示。

专家提醒

值得注意的是，评估调查问卷中的内容不要太长，应尽量简短，且评估调查问卷需要根据活动内容来制订问题。

某新产品发布会活动评估调查问卷
此栏写致谢语以及调查问卷的目的
1. 您对此次活动满意吗？　（　　） 　A. 很满意　　B. 满意　　C. 一般　　D. 不满意 　原因 _____
2. 您喜欢活动的现场效果吗？　（　　） 　A. 很喜欢　　B. 喜欢　　C. 一般　　D. 不喜欢 　原因 _____
3. 您喜欢活动的音乐效果吗？　（　　） 　A. 很喜欢　　B. 喜欢　　C. 一般　　D. 不喜欢 　原因 _____
4. 您喜欢活动的节目吗？　（　　） 　A. 很喜欢　　B. 喜欢　　C. 一般　　D. 不喜欢 　原因 _____

图 5-3　评估调查问卷模板

5.2.2　召开活动总结会

活动结束后，除了要收集来宾的感受、评价外，一般来说，活动组织者还会召集相关人员对活动进行总结。这样的召集活动可大可小，当然，场地和性质也可以不同——既可以是类似于庆功会的晚会，也可以是全程发言式的会议。

但是，无论是什么性质和规模的活动总结会，都离不开三个方面的内容，即对相关人员的奖惩、对活动相关事项进行总结和对活动进行复盘。其中，对活动进行复盘将在下一小节进行介绍，在此只介绍前两个方面的内容，具体如下。

1. 对相关人员的奖惩

在具体的活动策划和执行过程中，活动团队中个人和小组的表现会存在差别，因此，有必要对其中有突出表现的个人和小组进行表扬，鼓励他们再接再厉，而对一些表现不好的个人和小组可以做出适当批评，希望他们在以后的工作中加以改进。这样，才能充分调动活动团队的工作积极性，同时也有利于大家进步。

2. 对活动相关事项进行总结

一个完整的活动，是由多个流程组成的，每个流程都有其要完成的事项。对这些事项，在活动总结会上有必要进行讨论和总结，让大家充分发表意见，以期找出问题和解决办法，同时总结好的经验，为以后的活动的策划和执行提供借鉴。

一般来说，对活动相关事项进行总结，应该包括以下几项内容，如图5-4所示。

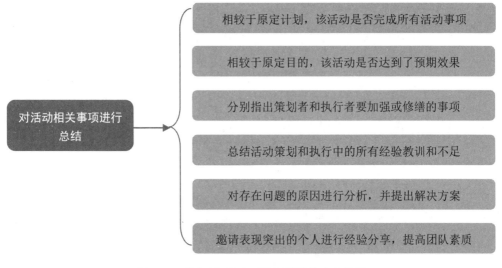

图5-4 对活动相关事项进行总结的内容分析

专家提醒

活动策划者和执行者要注意的是，活动总结会的各项数据和结果都是基于活动的整体效果而言，是对活动的粗略评价。要想更深入地了解活动的结果，还需要对活动相关事项进行更详细的评估。例如，可以了解活动花费的成本和成功签单的营销额，至于更加具体的数据，如每一家门店的销售额、活动的各个方面的成本以及更加细化的一些数据，将会由后续的评估来进行解答。这些内容将在5.3节进行具体介绍。

当然，在活动总结会上让活动相关人员充分发言，并不是让大家推诿责任，而是希望大家从自身角度出发，进行深入沟通，不断找出活动中的问题和不足之处。特别是对存在争议的问题，需要弄清问题到底出在哪？是策划时考虑不周，还是执行不到位，抑或是双方沟通和理解上存在差异？然后逐一解决，为日后开展相关活动提供指导思想。

5.2.3 对活动进行复盘

从某种意义上来说，复盘的内涵大于总结。对活动进行复盘有助于活动策划者和运营者发现难以注意到或是容易被忽略的细节问题，可以提高活动策划者和运营者的活动处理技能。

可见，活动复盘与上述内容中对活动相关事项进行总结是不同的：对活动相关事项进行总结，重在从整体上来总结，重视综合评价；而活动复盘重在从细节上来把控，一步步、一项项还原活动，从中寻找经验和问题，从而为下次活动总结经验。

那么，在对活动进行复盘时，应该如何找准复盘的方向，以便做好复盘工作呢？具体来说，其方向有 3 个，如图 5-5 所示。

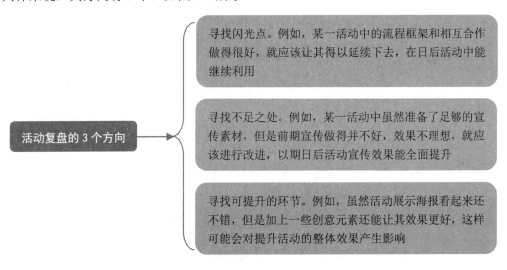

图 5-5 活动复盘的 3 个方向

专家提醒

其实，复盘的 3 个方向也是活动相关事项总结和活动评估的重要方向，只是各有侧重点而已。当然，这 3 个方向上的某些内容是互通的，可以在其他两项活动执行后的工作中搬过来使用，从而减少一些工作。

确定了活动复盘的方向后，就需要参与活动策划和执行的所有相关人员加入进来进行讨论，做到 360 度无死角复盘。此时就需要明白活动复盘的各个视角，也就是说，应该从工作人员、嘉宾和受众等视角来对活动进行复盘，具体如图 5-6 所示。

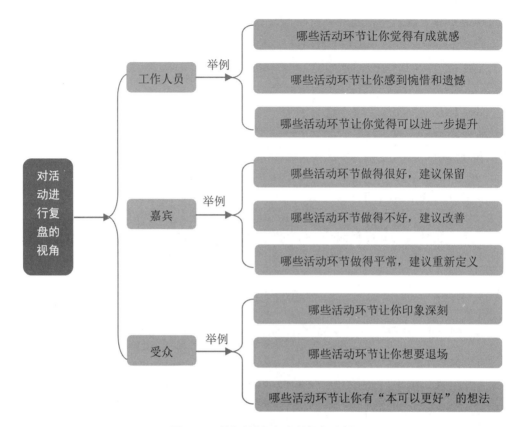

图 5-6 对活动进行复盘的视角分析

5.3 活动的各方面评估

活动评估,是指对活动的相关数据和情况进行调查与分析,从而对活动进行总体评价的过程。对活动策划者和执行者来说,做好活动评估,有着众多的作用,如积累活动经验、减少活动过程中可能产生的浪费等。通过这些,最终实现活动举办方和活动参与方效益的最大化。

本节将从活动的结果出发,对活动的各个评估方面进行介绍,包括活动效果评估、活动影响力评估、活动成本评估和活动时间评估。

5.3.1 活动的效果评估

在前文中曾介绍过活动举办的根本目的,既可以是宣传,也可以是盈利。其实,活动效果评估就是围绕活动的根本目的而展开的评估。从内容上来看,活动的效果评估主要包括 3 个方面，具体分析如下。

1. 活动发起方——所要求达到的活动预期目标是否达成

对活动的发起方来说，他们所关注的是活动是否能达成预期目标。也就是说，如果是以宣传为目的的活动，活动发起方会对活动的关注和参与人数、传播范围和转化效果等进行评估。如果是以盈利为目的的活动，活动发起方会对活动的参与人数、活动成交额和销售额等进行评估。

关于活动预期目标是否达成的评估，笔者认为有两个数值不可忽视，那就是冲高回落值和活动受众增长率。这两个数据对于评估活动结果特别是以宣传为目的的活动结果非常重要。

1) 冲高回落值

此处的冲高回落值引用的是股票中的概念，其在股票市场上的具体含义如下。

- "冲高"，是指分时图上当天的股票价格，突然向上无限量地飙升，达到一个峰值。
- "回落"，是指分时图上当天的股票价格，在达到峰值后又突然在有成交量的情况下下跌，其上涨趋势回缓。

被引用到活动评估中后，冲高回落值是针对整个活动来说的，而不是某一时的活动。且计算的内容大多与受众数量有关。其计算公式为

$$冲高回落值 = \frac{活动结果数据 - 活动开始数据}{活动峰值数据} \times 100\%$$

利用这一公式计算出来的冲高回落值结果，是判断活动效果好坏的重要依据，具体内容如下。

- 如果其数值非常低，表示活动的效果不好。
- 如果其数值为负数，表示活动起了反作用。
- 如果其数值比较高，表示活动的效果非常好。

专家提醒

冲高回落值计算公式中的"活动结果数据"和"活动开始数据"不是可以任意选择的，它一般是受众的行为处于稳定状态下的数据。

2) 活动受众增长率

在对活动进行评估的过程中，除了冲高回落值外，还有一个重要的指标，那就是活动受众增长率。这一数值可以有效评估活动的长期效果。其计算公式为

$$活动受众增长率 = \frac{活动结果数据 - 活动开始数据}{活动开始数据} \times 100\% - 自然增长率$$

在这一公式中，"自然增长率"指的是没有进行活动运营时的受众增长率。

利用这一公式计算出来的活动受众增长率的结果，也是判断活动效果和效率高低的重要依据，特别是在活动对受众的引流方面，通过这一数据可以轻松得出结果。具体分析如下。

- 如果其数值非常低，表示通过活动转化来的受众数量几乎没有什么增长，活动效率低，活动效果不好。
- 如果其数值为负数，表示通过活动不仅没有促进受众增长，反而在原有的受众增长上有所退步，活动出现了反向结果。
- 如果其数值比较高，表示通过活动转化来的受众数量多，活动效率高，活动效果好。

2．活动本身——策划和执行时是否能保证活动的质量

对活动本身来说，活动在策划和执行时是否能保证活动质量是评估的主要内容。特别是在活动执行过程中，有时尽管活动策划时考虑得很周到，但仍因为意外情况无法保证活动圆满完成或根本无法进行下去，那么活动效果评估必然是不理想的。

可见，从活动本身来说，活动质量方面的评估主要取决于两个方面，具体分析如图5-7所示。

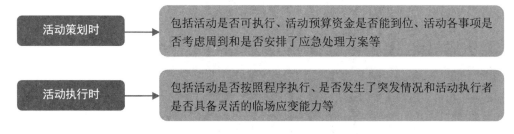

图5-7　影响活动质量评估的两个方面

3．活动受众——对所参与的活动是否感到满意

从活动受众方面来看，他们对所参与的活动构成了活动效果评估的一项重要内容。因为受众既是活动的目标人群，也是让活动能全面开展起来的人气支撑。而且受众对活动是否满意，是活动效果比较直接的反映。只有受众满意了，才能保证活动的效果是理想的。

5.3.2　活动的影响力评估

关于活动的影响力评估，人们首先想到的可能是那些大型活动对社会、政治和经济产生的巨大影响力，如体育盛会、大型公益活动和国家年度晚会活动等。其实，无论是什么规模的活动，都能产生一定的影响力，只是影响的波及范围和程度有所不同而已。

一般而言，活动的影响力，从与活动相关的主体及宣传媒体来说，主要可从以下4个方面来进行评估。

1. 活动发起方

对活动发起方来说，活动的影响存在巨大差异：有些活动的影响可能是一时的，有些活动的影响可能会一直延续下去。特别是一些旨在提升品牌知名度和树立品牌形象的活动，其影响力可能一直伴随着品牌的成长与发展。

例如，品牌赞助活动，随着节目和活动的影响加大，品牌方的知名度和品牌形象自然而然也会得到提升。随着《奔跑吧》这款综艺节目的不断推出，其品牌赞助商之一的"小红书"，借助《奔跑吧》所拥有的超高的国民度和强大的粉丝基础，不断刷新其存在感，如图5-8所示。

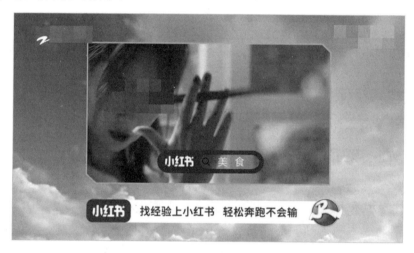

图 5-8 "小红书"《奔跑吧》品牌赞助活动

2. 活动受众

在活动评估中，很多方面都需要考虑到活动受众，如上文中的活动的效果评估，还有此处要介绍的活动的影响力的评估，都会有活动受众的存在。那么，从活动受众的影响力来看，主要表现在哪呢？

一般来说，活动对受众的影响力的表现是多样的，例如，营销类活动对受众的影响是让他们认识品牌、购买需要的产品。如果是长期使用的产品，可能这种影响力将会非常持久。又如，娱乐类活动对受众的影响主要是精神层面的——让受众感到愉悦，有时还伴随着娱乐文化的熏陶。

3. 工作人员

对工作人员来说，其影响力包括对内和对外两个方面，如图 5-9 所示。

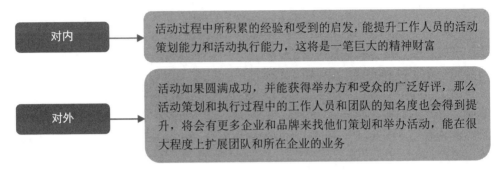

图 5-9　工作人员方面的活动影响力评估

4. 宣传媒体

对宣传媒体来说，知名的、大型的、好评如潮的活动的影响力也将是巨大的。这种影响力是分层次的，不仅能通过最初的活动信息的传播产生宣传效果，还能通过这些活动信息产生二次转播，从而让影响力成倍增加。

5.3.3　活动的成本评估

要开展一场活动，是需要花费较多成本的，以游戏为例，其成本就包括物料、设计、开发和经营维护等成本。一般来说，对活动的成本进行评估，需要关注两个方面：一是活动成本与活动预算的比较，二是活动成本与活动营销额、活动效果的比较。

从活动成本与活动预算的比较来看，如果评估结果超出预算太多，那么就需要活动策划者和活动执行者进行仔细分析，找出原因所在，并对多出预算的部分成本(物价和其他不可抗成本除外)进行活动效果与价值的评估。

- 当超出部分的成本所创造的价值和产生的活动效果对企业和品牌能产生足够的积极影响，那么这一部分成本是值得的。
- 如果超出部分的成本所创造的价值和产生的活动效果很小，或者几乎没有，那么这一部分成本就是浪费的。

从活动成本与活动营销额、活动效果的比较来看，基于"付出什么"就会"得到什么"的观点，不管是预算内的成本还是预算外的成本，每一分钱都应该有其价值，否则活动的成本评估结果就是不理想的。

专家提醒

在活动策划和执行过程中,相关人员不可完全基于节约成本的目的来开展活动,而是应该把活动的预算和成本控制在一个合理的范围内,否则,在人力、物料和设备等方面进行不合理的缩减,最终会影响活动效果。

5.3.4 活动的时间评估

与成本评估需要基于预算一样,时间评估也要基于活动策划过程中的时间安排表来进行。而且,要注意的是,无论是成本评估相较于活动预算,还是时间评估相较于时间安排表,都可能存在一定差异,无法完全与策划阶段的保持一致。

基于此,对活动的时间进行评估,需要根据具体情况来进行。一方面需要了解活动时间与时间安排表之间的差距是否在合理的范围内,另一方面,还需要认真对待活动时间与时间安排表之间存在的差距问题。那么,应该如何对待其中存在的问题呢?具体如图5-10所示。

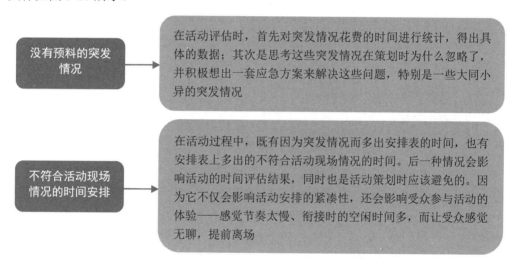

图5-10 对待活动安排表与活动时间存在差距问题的分析

5.4 活动资料的存档

完成了活动的清场收尾、总结复盘和评估后,接下来就是将与活动相关的资料进行整理并存档。对此,主要做好两部分的工作,具体如下。

1. 撰写一份活动总结报告书存档

活动结束后，相关人员应撰写一份活动总结报告书，陈述活动的相关情况，用于存档，以备日后查询和了解。一般而言，活动总结报告书采取表格的形式来撰写，具体内容包括主办部门(单位)、活动名称、活动时间与地点、活动目的、活动内容、活动经费、活动完成情况和活动总结等，如图5-11所示。

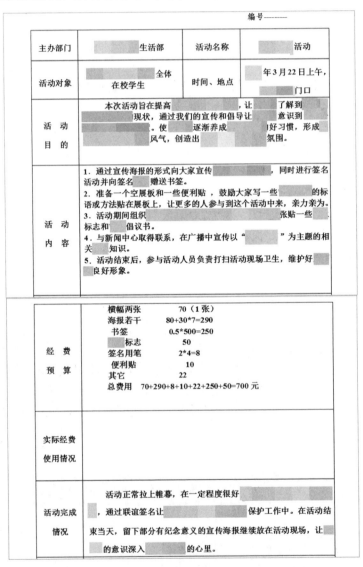

图5-11　某活动总结报告书的部分内容展示

2. 其他与活动相关的资料

用于存档的资料除了活动总结报告书外,还应该包括其他与活动相关的资料。这里的"资料",指的是活动策划、活动执行和活动评估等过程中涉及的所有有效资料,如在活动策划阶段,活动策划者收集到的所有文字、图片和影像资料;在活动评估阶段,所有与活动效果有关的各种评估数据。

第 6 章

实战：节日促销活动的策划与执行

学前提示　促进产品的销售，始终是企业和品牌的最终目标。为了更好地完成这一目标，企业和品牌往往会策划各种各样的活动，在宣传品牌的同时促进销售。其中，节日类活动和促销类活动就是它们常用的活动类型。本章将对这两类活动进行具体介绍。

要点展示
- ▶ 节日类活动策划
- ▶ 促销类活动策划

6.1 节日类活动策划

在社会生活中，从古至今，人们出于适应生产和生活的需要而对一些日期进行了特殊的规定，节日就由此而来。在这些节日中，个人或团体会基于习俗而参加、举办不同的活动。那么，怎样能举办一场有意义的、让人印象深刻的节日活动呢？本节将为大家介绍节日类活动策划的具体内容。

6.1.1 借原有节日策划活动的优势

一般而言，基于历史和社会发展而留存下来的节日，不仅有着重大的纪念和宣传意义，还是人们欢聚一堂进行庆贺的日子。借助这样的时刻策划活动，有着比平日更多的优势。具体来说，主要表现在3个方面，如图6-1所示。

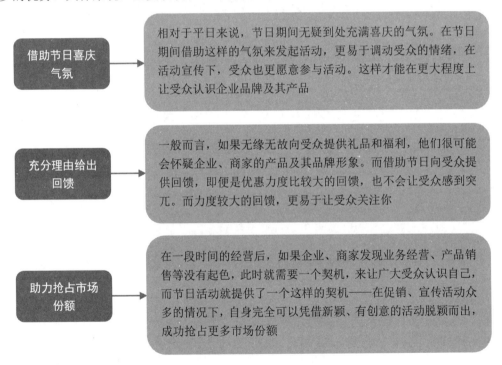

图 6-1　借助节日策划活动的优势

6.1.2 借原有节日策划活动的注意事项

既然借助节日策划活动有着诸多优势，那么活动策划者就应该着手策划节日活动,以促进企业和品牌的推广宣传与营销。然而要想策划一场效果好的节日活动,还需要注意一些问题,具体内容如图 6-2 所示。

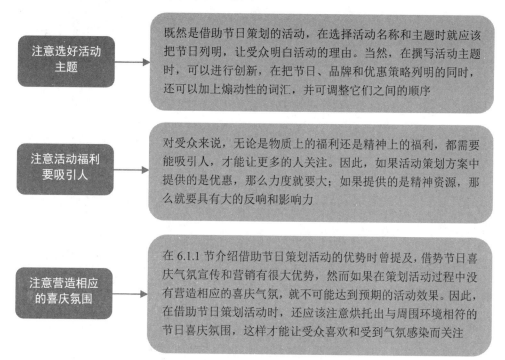

图 6-2 借助节日策划活动的注意事项

6.1.3 自造节日活动策划的优势

经过历史的沉淀和社会发展而留存下来的节日毕竟是有限的,且可能在某一个需要策划活动的时候并没有相应的节日可拿来用,此时应该以什么理由来策划一场活动呢?而且类似的活动将在以后的宣传推广和营销中被用到。于是自造节日便产生了,如京东的"618"、淘宝的"双十一"和"520"等。

可见,企业为了在受众面前时刻保持新鲜感,不是被动地等着节日出现,而是主动出击,选择一个合适的时间来为企业和品牌的宣传与营销造势。其中,所选择的合适时间就成了企业和品牌进行宣传的呈现在受众面前的固定日期,也就是"自造节日"。

相对于原有的节日来说,利用自造节日来策划活动有优势也有劣势。其中,关于劣势,最重要的一点是:如果企业和品牌没有影响力,或者活动没有创意,那么自造节日活动策划很难成功,进而会使企业和品牌后续的自造节日相关活动策划难以为继。

当然，除了劣势外，自造节日也是有其优势的，它是企业和品牌进行宣传推广和营销的有效途径之一。关于自造节日的活动策划优势，具体分析如图6-3所示。

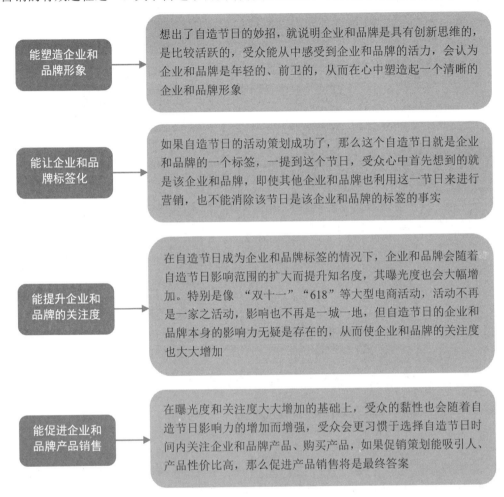

图6-3 自造节日策划活动的优势

6.1.4 自造节日策划活动的思路

万事开头难，自造节日活动策划也是如此。在开始第一场自造节日策划活动时，需要确定活动的具体时间、目的、规模等。那么，在自造节日活动策划中，活动策划者应该遵循怎样的思路呢？下面将进行具体介绍。

1. 确定自造节日日期

既然要做自造节日活动，首先就应该确定自造节日的日期，这是做好自造节日活动策划的基础。有人会问，是不是可以任意选择一个日期作为自造节日？答案当然是否定的。关于自造节日的日期，活动策划者可按照以下程序来确定，如图 6-4 所示。

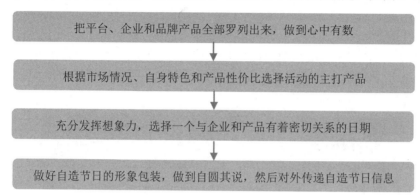

把平台、企业和品牌产品全部罗列出来，做到心中有数

根据市场情况、自身特色和产品性价比选择活动的主打产品

充分发挥想象力，选择一个与企业和产品有着密切关系的日期

做好自造节日的形象包装，做到自圆其说，然后对外传递自造节日信息

图 6-4　确定自造节日日期的程序

2. 致力于在价格上取胜

很多企业和品牌之所以要自造节日，其目的就是促进产品销售。基于此而策划活动，就需要在活动期间为受众提供力度较大的优惠，在产品价格上取胜，才能让自身企业和品牌脱颖而出。图 6-5 所示为蓝月亮的京东超级品牌日活动的促销宣传。由图 6-5 可知，"部分满 99 减 50 元"的优惠还是很吸引人的，因为它相当于半价就可以购买了。

图 6-5　蓝月亮的京东超级品牌日活动的促销宣传

3. 要做好品牌文化营销

对受众来说，价格的影响是一时的，如果想要从更深层次形成大的影响力，就需要

从文化上、精神上进行把握，于是就出现了各种各样的文化活动，如每一个行业各有其文化活动，有些品牌也有其品牌文化活动。这些活动的举行一般也是基于自造节日的思路而确定下来的。

在这样的自造节日活动中，品牌文化的树立和宣传就显得尤为重要。活动策划者需要注意的是，品牌文化活动中的自造节日可能并不是指一天，而是指多天。

图 6-6 所示为某街道举办的海洋诗歌文化节活动。其目的是做好海洋诗歌文化宣传和营销，打造品牌文化重镇。

图 6-6　某街道举办的海洋诗歌文化节活动

4．整合各种资源来传播

相对于节日活动来说，自造节日更要做好活动宣传工作。特别是在第一次自造节活动中，只有做好活动宣传工作，才能让人们了解自造节日及其活动内容，才能让企业和品牌得以传播推广，然后在受众集聚的情况下取得活动策划的成功。因此，企业和品牌在利用自造节日策划活动时，需要整合各种资源来进行传播，如报纸、电视、新媒体等，这样才能为形成大的销量奠定基础。

6.1.5　自造节日策划活动的注意事项

理清自造节日活动策划的思路后，接下来就要进行活动策划与执行工作了。然而自造节日活动策划并不是一件简单的事，它需要活动策划者对一些方面多加注意，才有可能让自造节日活动策划顺利完成和活动圆满举办。图 6-7 所示为自造节日活动策划的注意事项。

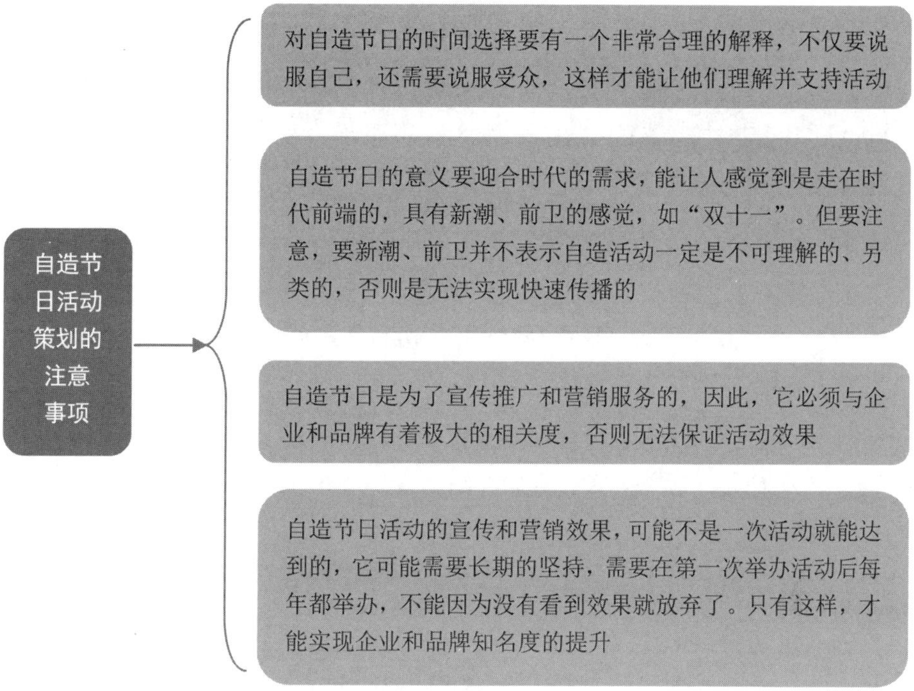

```
                    ┌─ 对自造节日的时间选择要有一个非常合理的解释，不仅要说
                    │  服自己，还需要说服受众，这样才能让他们理解并支持活动
                    │
                    │  自造节日的意义要迎合时代的需求，能让人感觉到是走在时
┌─────────┐        │  代前端的，具有新潮、前卫的感觉，如"双十一"。但要注
│ 自造节  │        │  意，要新潮、前卫并不表示自造活动一定是不可理解的、另
│ 日活动  │────────┤  类的，否则是无法实现快速传播的
│ 策划的  │        │
│ 注意    │        │  自造节日是为了宣传推广和营销服务的，因此，它必须与企
│ 事项    │        │  业和品牌有着极大的相关度，否则无法保证活动效果
└─────────┘        │
                    │  自造节日活动的宣传和营销效果，可能不是一次活动就能达
                    │  到的，它可能需要长期的坚持，需要在第一次举办活动后每
                    └─ 年都举办，不能因为没有看到效果就放弃了。只有这样，才
                       能实现企业和品牌知名度的提升
```

图 6-7 自造节日活动策划的注意事项

6.1.6 ××商场"张灯结彩"元宵节活动策划书

下面就来为商场模拟一份元宵节活动策划书，即《××商场"张灯结彩"元宵节活动策划书》，具体内容如下。

1．活动背景

元宵节又称灯节，不仅是家人坐在一起吃元宵的日子，也是人们挂灯笼、猜灯谜的有趣日子。本次活动就是想要借助元宵节的节日气氛，为活动带来人气，提高产品曝光率，达到产品销售额上涨的目的。

2．活动目的

活动策划者需要在策划书的最前面将活动的主要目的呈现出来，让企业管理者一眼就能了解活动将给企业带来的好处和作用，并快速判断出此策划书的可实行价值。图 6-8 所示为××商场举办"张灯结彩"元宵节活动的目的。

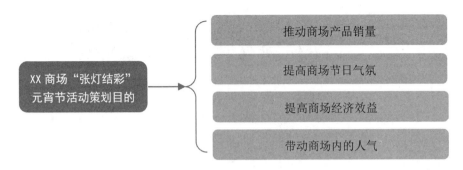

图6-8 ××商场"张灯结彩"元宵节活动策划的目的

3．活动内容

活动策划者需要将活动整体开展情况描述清楚，其中包括活动时间、活动主题、活动地点、活动对象、活动内容，具体介绍如下。

1) 活动时间

策划一场成功的元宵节活动，在选择活动时间方面需要把握以下两个设计要点，如图6-9所示。

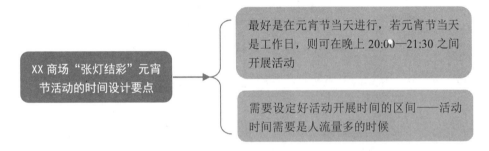

图6-9 ××商场"张灯结彩"元宵节活动的时间设计要点

基于图6-9中的两大设计要点，××商场"张灯结彩"元宵节活动的举行时间确定为2019年2月19日20:00—21:30。

2) 活动主题

为了紧扣元宵佳节这一节日，活动主题确定为"张灯结彩，喜闹元宵"。

3) 活动地点

××商场"张灯结彩"元宵节活动地点的设计要点，一是要考虑在商场中人流聚集地，二是要考虑天气因素。因此，最终确定在商场室内中央广场举行。

4) 活动对象

活动对象为商场的精准用户群体，可确定为在商场中购买某产品且满100元的消费者。

5) 活动内容

在活动内容方面，活动策划者需要做到明确参与方式、明确参与规则、明确参与奖励、明确参与人群、明确参与内容和明确参与注意事项。图 6-10 所示为××商场"张灯结彩"元宵节活动的活动内容介绍。

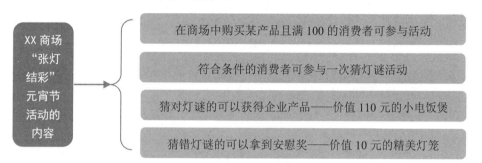

图 6-10　××商场"张灯结彩"元宵节活动的内容

4．场地布置

场地布置需要将活动场地布置要求叙述清楚，需要从布置的合理性来判断活动细节是否可执行，如表 6-1 所示。

表 6-1　××商场"张灯结彩"元宵节活动场地布置要求

布置场地	布置要求	辅助工具	负责部门	完成日期
商场室内中央广场	①摆放两块广告宣传牌 ②用气球围住活动场地 ③在场地内挂 50 个灯笼，并系上灯谜纸	①活动音响需要播放喜庆的音乐 ②准备两个话筒 ③一张大长桌放置 50 份礼品和 50 个精美灯笼 ④准备两支笔、一个本子记录获奖者的相关信息	采购部 楼面部 宣传部	2019 年 2 月 19 日 15:00—18:00
商场室外中央广场	①节日电子横幅 1 条 ②广告宣传牌 3 块，放置在 3 个大门的前面	①在商场店面中放置宣传单 ②聘请人发送 500 份宣传单	宣传部	2019 年 2 月 19 日 16:00—17:00

5．工作安排

工作安排既是指引活动运营的方向又是展现细节的地方，因此需要将活动工作安排叙述清楚，如表 6-2 所示。

表6-2　××商场"张灯结彩"元宵节活动工作安排表

责任人	时间安排	主要事项
宣传部	2019年2月14日—19日的8:30—12:00	①负责广告宣传牌、宣传单、电子横幅中宣传内容的制作 ②招聘派单人员,并监督派单进程 ③检查、场地装饰布置
楼面部	2019年2月14日—18日的8:30—12:00	①保证场地清洁度 ②保证活动过程中的安全性 ③做好活动礼品、活动相关工具的采购工作 ④布置场地 ⑤培训活动主持人、活动工作人员
财务部	2019年2月16日	①根据活动情况准备相关发票 ②做好采购预算

6．活动预算

活动预算是整个活动的经济命脉,活动策划者需要将活动预算的各项费用叙述清楚,如表6-3所示。

表6-3　××商场"张灯结彩"元宵节活动预算表

活动名称		××商场"张灯结彩"元宵节活动		
活动主题		张灯结彩,喜闹元宵		
用途	项目	单价	数量	总价/元
前期推广	广告宣传牌	100元/块	5块	500
	宣传单	2元/份	500份	1000
设备租借	话筒	5元/个	2个	10
	音响	500元/台	2台	1000
	桌子	700元/张	1张	700
布置工具	气球	5元/打	100打	500
	胶带	2元/个	10个	20
	猜谜灯笼	3元/盏	50盏	150
	猜谜纸	1元/打	5打	5
礼品	小电饭煲	110元/台	50台	5500
	精美灯笼	10元/盏	100盏	1000
聘用人员	派单员	150元/名	10名	1500
不可预计的花费				2115
总计				14 000

7. 活动总结

一般而言，在活动总结中，活动策划者需要进一步突出活动对企业的好处，并用总结性的话术来表达此次活动能达到的目的。具体说来，主要包括 3 个方面，即增加商场的销量、提高商场人气和获得消费者信息。

6.2 促销类活动策划

促销活动一直都是企业所热捧的营销方式，相较于其他类型的活动，它更容易提高企业的产品销量。而销量的提高对于企业来说，是增加收益的渠道之一。由此可见，促销活动对于企业来说是非常重要的营销手段。本节将仔细讲解促销活动策划的相关内容。

6.2.1 策划促销类活动的优势

对企业和品牌来说，策划一场成功的促销类活动，有着多方面的优势，具体分析如下。

1. 吸引受众关注

对企业和品牌来说，有受众才会有人气，有受众关注才有可能提高销售额。因此，如何吸引受众成为企业和品牌促进营销必须要解决的问题。而一场对受众来说能获得优惠和福利的促销活动，是吸引受众关注的有效方式。

特别是当企业和品牌根据受众的购买周期来策划促销类活动时，在产品性价比不错的基础上，不仅能吸引很多受众关注，还能吸引一些受众回购。而且对二次回购的受众来说，促销活动既能坚定他们再次购买的信心，也能让受众的消费周期缩短。

2. 刺激受众需求

可能很多人都会遇到这样的情况：本来只是想浏览一下产品，并没有打算购买，然而当看到网络上或货架上的商品正在做促销活动，而该商品也是未来可能需要的，就会想着"这么便宜还是买下为好，以免需要的时候没有这样便宜了"。

从上面的情况可以看出，明明不是受众的刚需产品，但是在促销活动的优惠策略刺激下，受众也有可能购买。如果产品是受众的刚需产品，那么，是不是促销活动刺激受众需求的目的更易达到呢？在笔者看来，这点毋庸置疑。

3. 增加市场占比

对企业和品牌来说，举办一场成功的促销活动，一般来说，是能增加产品销量和企业销售额的。当促销策略设置合理，在受众增多的情况下，还能提高他们的平均消费金额，特别是采用"满减"策略和"满××送奖品"的方式的促销活动。

另外，当企业和品牌需要推广新品时，利用促销活动来推广，是快速打开市场的非常有效的方法。当受众在促销活动中通过低价或优惠的方式买到了新品，结果发现产品质量好，那么后期就有可能继续购买。

其实，无论是提高企业的销售额、提高受众的平均消费金额，还是帮助新品快速打开市场，这些都是通过促销活动来增加市场占比的重要表现，也是促销活动的优势所在。

6.2.2 促销类活动的注意事项

促销类活动作为企业和品牌常用的推广手段，在策划时既要看到它的优势，又需要注意一些问题，具体如图 6-11 所示。

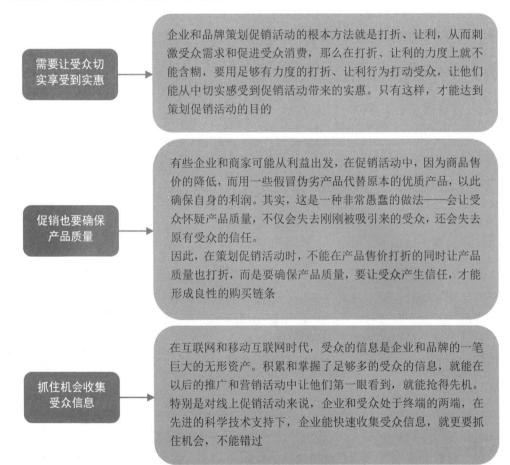

图 6-11 策划促销类活动的注意事项

6.2.3 促销类活动的常见地点

关于促销类活动,人们经常接触的场景很多。在智能手机普及的情况下,智能手机成为人们浏览促销活动和购买促销产品的重要途径。那么,如果企业要策划一场线下促销类活动,应该选择哪些地点举行呢?也就是说,在日常生活中,人们经常会在哪些地点和场景中看到线下促销活动呢?

关于线下促销类活动的地点,有一个关键点,那就是活动策划者应该根据受众的逗留情况来选择,即人们经常会去哪些地方和会在哪一个地方逗留多久。下面笔者将根据这一关键点,介绍促销类活动的常见地点。

首先,商业街和超市是促销类活动举办的首选地点。在这些地方,经常可以看到企业和商家举行规模不一、形式多样的促销类活动。这是因为这些地方不仅人流量大,而且人们去这些地方,就是为了购物或准备购物,一般会停留较长时间。图 6-12 所示为某超市内的促销活动宣传海报部分内容。

另外,还有一个地方也不能忽视,那就是小区内。一方面,人们在家中停留的时间很长;另一方面,人们回到家后,想要的是享受生活,如果企业和商家能以促销的方式为他们提供生活所需的产品,那么,是极易形成购买力的。

图 6-12 某超市内的促销活动宣传海报部分内容

6.2.4 促销类活动选择地点时的注意事项

在上文中介绍促销活动的常见地点时,曾提及人流量和产品的受众,其实它们都是在策划促销类活动的过程中选择地点时要考虑的重要因素。本小节将介绍选择促销类活动地点时要注意的事项,如图 6-13 所示。

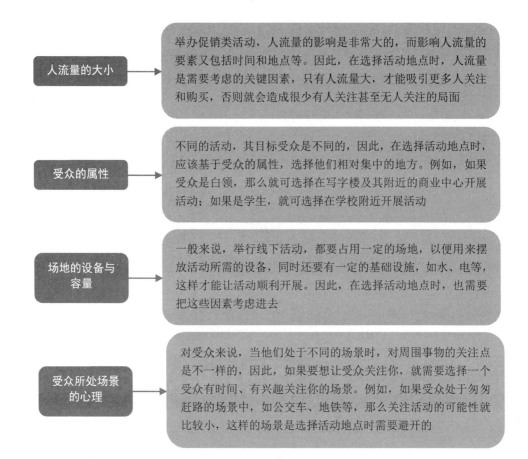

图 6-13　促销类活动选择地点时的注意事项

6.2.5　线下促销活动的成功诀窍和推广方式

与后文要介绍的线上促销活动一样,线下促销活动需要从节假日、周年庆等方面把握活动时机,在进行策划的过程中也需要活动策划者具有发散性思维。除此之外,线下促销活动的策划还需要从受众入手,以受众为核心,才能策划出一个容易吸引受众注意力的促销活动。

一般来说,受众是期待促销活动的,他们也都知道在节假日,各大企业都会做一些促销活动,这已经成为受众的消费心理。由此,活动策划者需要从两个方面入手,即受众期待和受众需求,来构成线下促销活动的整体思路。

而对于受众来说,促销活动是否吸引他们取决于两个方面,即促销力度和促销内容。那么,活动策划者怎样做才能让受众满意呢?那就需要活动策划者在线上促销活动运营的过程中,实行两大策略,如图6-14所示。

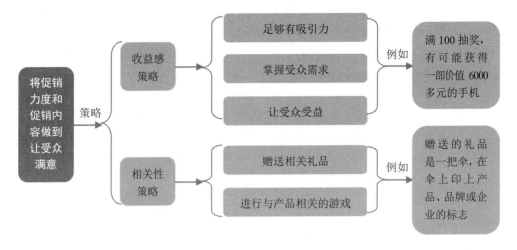

图 6-14 将促销力度和促销内容做到让受众满意的策略分析

在了解了线下活动运营策略的基础上,如果要策划一场成功的促销活动,那么还有必要了解一下线下促销活动的常见方式,具体如图 6-15 所示。

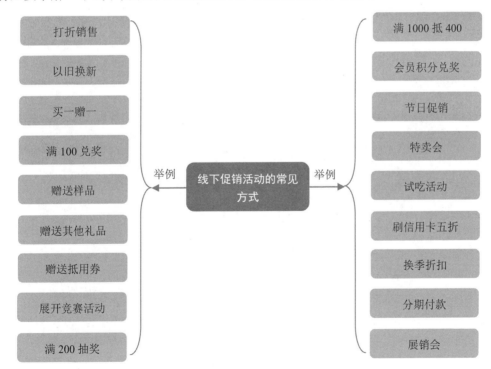

图 6-15 线下促销活动的常见方式

6.2.6 线上促销活动的成功诀窍和推广方式

所谓的线上促销活动是指在互联网上进行的促销活动，一般在购物平台上比较常见。下面就来了解线上促销活动策划的相关内容。

1．线上促销活动成功的诀窍

活动策划者若想成功地策划、开展一个线上促销活动，就必须要掌握 3 种诀窍，如图 6-16 所示。

2．线上促销活动的推广方式

随着互联网的发展，种类繁多的线上推广方式也顺势崛起。对于活动策划者来说，选择一个合适的活动推广方式，就是对活动可执行力的一种保障。下面就来了解 3 种线上促销活动常用的推广方式。

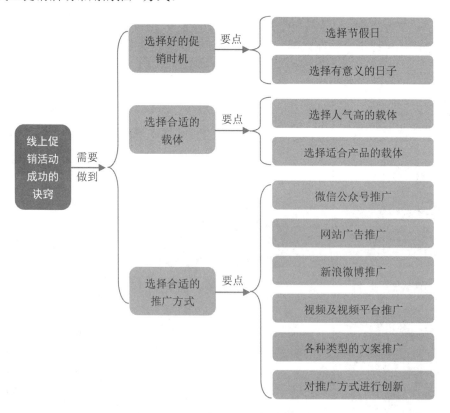

图 6-16　线上促销活动成功的诀窍

1) 微信公众号推广

一般来说，受众只会对某企业、产品感兴趣才会长久关注此企业的微信公众号。

这就说明，企业微信公众号所面对的人群，几乎都是忠实用户和潜在用户，若企业在微信公众号中推广活动，定然能引起不少人群的兴趣。

而在微信公众号中推广促销活动时，需要掌握6大要素，如图6-17所示。

图 6-17　微信公众号推广活动

例如，某快餐企业就是将微信公众号推广促销活动的要素展现了出来，如活动原因、活动时间、活动优惠、活动产品、参与方式等，才会引起很多受众的支持，如图6-18所示。

图 6-18　某快餐企业促销活动的微信公众号推广

2)　网站广告推广

线上促销活动若想进行网站广告推广，就需要注意两大要素，如图6-19所示。

3)　微博推广

微博是一个造就热点时事的地方，也是人们在休闲时喜欢逗留的平台，由此，活动策划者一定不要放过每月能聚集2.36亿活跃用户的微博平台。一般来说，促销活动若想进行微博推广，需要掌握3大要素，即必须要有吸引力、促销力更强和讲明活动流程。

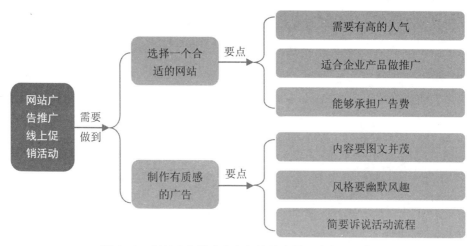

图 6-19 网站广告推广线上促销活动需要注意的因素

6.2.7 ××火锅店"你扫满我送"线下促销活动策划书

下面就来为某火锅店模拟一份线下促销活动策划书,即《××火锅店"你满我就送"线下促销活动策划书》,具体内容如下。

1. 活动背景

随着小屏时代的发展,微信会员卡备受消费者的喜欢,我店也顺应市场趋势推出了微信会员卡,因刚推出使用者比较少,于是决定以 2018 年 11 月 30 日我店 10 年周庆为契机,开展"你满我就送"的线下促销活动。

2. 活动目的

促销活动的目的当然还是以促销为主,但要记住,一个活动的活动目的并不只有一个,而是有多个,只是以其中的一个为最主要的目的、活动核心,活动策划者需要将活动目的以主次的形式从前往后叙述出来,如图 6-20 所示。

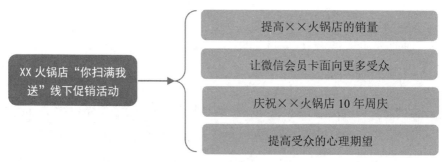

图 6-20 ××火锅店"你扫满我送"线下促销活动

3. 活动时间

若想将微信会员卡推向大范围的消费人群，就需要较长时间才能实现。因此活动时间绝不能一两天就结束了，不然既不能提高销量，又不能扩散微信会员卡。活动最好是维持一个月，这样效果才能突显出来。基于此，此次××火锅店"你扫满我送"促销活动时间为 2018 年 11 月 1 日—11 月 30 日——因为是以周年庆为契机，就应该以这天为结束日期。

4. 活动主题

活动主题应该紧扣促销活动和周年庆，因此此次活动的主题为"10 年周庆你敢扫微信、满 300 我就敢送"，这样的活动主题，将活动原因、活动促销简要地叙述了出来。

5. 活动地点

根据活动主题选择活动地点——因为火锅是非可携带产品，受众需要在店内消费，因此，如果有实体店，最好在自己店内开展活动。

6. 活动对象

需要找准火锅店的精准受众，也就是火锅店到店消费群体。

7. 活动流程

促销活动的流程一般都不会很复杂，简要说明即可，一般在受众买单的时候告诉受众即可，如图 6-21 所示。

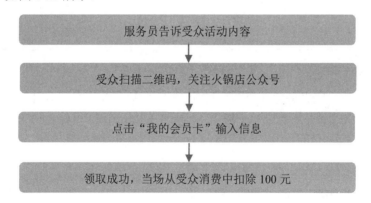

图 6-21　××火锅店"你扫满我送"线下促销活动的活动流程

8. 场地布置

在店门口放置一块竖的广告牌，每张桌子上放一个小的活动宣传牌。

9. 工作安排

将工作安排到合适的管理者手上，如表 6-4 所示。

表 6-4　××火锅店"你扫满我送"活动工作安排表

责任人	时间安排	主要事项
厨师长	2018 年 10 月 29 日—10 月 30 日上午 9:30 前	每天都需要采购当天需要的食材，保证新鲜且不浪费
店面经理	2018 年 10 月 26—29 日	①培训服务员，告诉他们活动内容，且教给他们怎样向受众传递活动的话术 ②安排人去制作广告牌和活动宣传牌

10. 活动预算

将活动中所有花费计算清楚，如表 6-5 所示。

表 6-5　××火锅店"你扫满我送"活动预算表

活动名称	××火锅店"你扫满我送"线下促销活动			
活动主题	10 年周庆你敢扫微信、满 300 我就敢送 100			
用途	项目	单价	数量	总价/元
宣传	大广告牌	100 元/块	1 块	100
	小活动宣传牌	5 元/个	40 个	200
赠送的 100 元，是在利润之内的，可不计入花费预算				
不可预计花费				100
总计				400

11. 效益评估

此次活动以"满 300 送 100"的促销方式，看似利润不大，但随着活动时间的推移，其中的效益就会突显出来，平均每天的销量会是以前的 2 倍，利润也随之提高，并且也将微信会员卡推广了出去，节约了制作会员卡的成本。

【案例分析】

线下促销活动策划书一般大致相同，通过《××火锅店"你扫满我送"线下促销活动策划书》可以发现，它并不是一种让企业会亏损的活动方式，反而有很多好处。

- 提高产品销量。
- 增加店铺人气。
- 提高品牌口碑。

- 提升受众体验。
- 减少受众某方面的成本。

6.2.8 ××旗舰店"天猫女王节"线上促销活动策划书

下面就来为天猫官网上的某某旗舰店,模拟一份线上促销活动策划书,即《××旗舰店"天猫女王节"线上促销活动策划书》,具体内容如下。

1．活动背景

"天猫女王节"其实是天猫商城借助 2019 年 3 月 8 日妇女节的活动气氛,从 3 月 3 日—3 月 5 日进行预热,3 月 6 日—3 月 8 日正式开启活动。这对天猫店铺来说是一个进行促销活动的契机,更是提高店铺产品销量的渠道之一。

2．活动目的

需要直接将"天猫女王节"活动目的讲出来,让企业管理者快速了解此活动的执行价值。此次促销活动的目的主要有 4 点,即提高产品销量、增加店铺人气、获得产品口碑和提高店铺知名度。

3．活动时间

××旗舰店"天猫女王节"活动时间包括两个部分,即预售期和开售期,前者时间为 2019 年 3 月 3 日—5 日,后者时间为 2019 年 3 月 6 日—8 日。

4．活动主题

活动主题需要具有特色,就像宣传语一样能扣人心弦,如"'天猫女王节',做他人的公主,做众生的女王",这样可以紧扣精准受众的需求、痛点。

5．活动对象

在选择产品面向的人群时,应该围绕对产品有需求的受众,从中选择"拥有女王范的时尚女青年"作为活动对象。

6．促销力度

将促销活动的力度讲清楚,其设计要点是：要合理,且在企业能承受的范围内；要与众不同,做到足够吸引人。××旗舰店促销力度的表现如图 6-22 所示。

7．参与方式

将消费者参与活动的方式表达清楚,这一部分也属于活动流程,具体内容如表 6-6 所示。

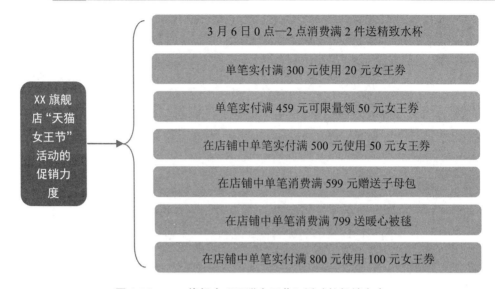

图 6-22 ××旗舰店"天猫女王节"活动的促销力度

表 6-6 ××旗舰店"天猫女王节"活动参与方式

时间	参与方式
2019 年 3 月 3 日—5 日 23:59 预售新春新品	在此期间受众需要用定金预定降价新品,付定金之后获得 30 元门槛抵用券
2019 年 3 月 6 日 0 点—8 日 23:59 支付尾款	受众可以直接用 30 元门槛抵用券,再进行尾款支付
2019 年 3 月 3 日—8 日 23:59 抢天猫购物券	受众每次需要用天猫 10 积分才能抢券,满 299 元可用一张券,可叠加使用
2019 年 3 月 3 日—8 日 23:59 抢天猫购物券	受众每次需要用天猫 10 积分才能抢券,3 月 6 日—8 日 23:59 满 299 元在店铺中最多可用 40 元的券,可用一张券,可叠加使用
2019 年 3 月 6 日 0 点—2 点送水杯	满两件产品即可送"记得喝温水"精致在店铺中单笔实付满 500 元可领并使用 50 元女王券水杯
2019 年 3 月 6 日—8 日 送子母包	单笔满 599 送子母包,一个 ID 送一对
2019 年 3 月 6 日—8 日 送暖心被毯	单笔满 799 送暖心被毯,一个 ID 送一条
2019 年 3 月 6 日—8 日 送女王券	在店铺中单笔实付满 300 元可领并使用 20 元女王券
	在店铺中单笔实付满 800 元可领并使用 100 元女王券
	在店铺中单笔实付满 459 元可限量领并使用 50 元的女王券
	在店铺中单笔实付满 500 元可领并使用 50 元女王券

8. 宣传方式

××旗舰店的店铺产品出现在"天猫女王节"的女王衣橱活动页面的靠前位置,这样消费者才能一眼看到自己店铺的相关内容。除此之外,还需将店铺首页装修成与"天猫女王节"气氛相符的风格,然后将活动力度也体现在首页上。

9. 工作安排

与其他活动相比,线上促销活动的工作安排涉及面比较少,主要是从产品库存、店铺装修等方面进行考量,如表6-7所示。

表6-7 ××旗舰店"天猫女王节"活动工作安排表

责任人	时间安排	主要事项
生产部	2019年3月3日—5日22:00	产品库存每件产品约600件
美工部	2019年2月27日—3月3日	将店铺整体风格改成与"天猫女王节"相符的内容
客服部	2019年2月28日—3月8日	①模拟出受众可能会问的问题,并进行回答 ②培训客服 ③在活动期间及时回复受众的问题

10. 活动预算

策划线上促销活动,其经费主要集中于前期推广、礼品等方面,具体内容如表6-8所示。

表6-8 ××旗舰店"天猫女王节"活动预算表

活动名称	××旗舰店"天猫女王节"线上促销活动			
活动主题	"天猫女王节",做他人的公主,做众生的女王			
用途	项目	单价	数量	总价/元
前期推广	女王衣橱的活动页面中靠前位置	10 000元/天	6天	60 000
礼品	"记得喝温水"精致水杯	10元/个	1000个	10 000
	子母包	30元/对	800对	24 000
	暖心被毯	50元/条	600条	30 000
不可预计花费				60 000
总计				400 000

11. 效益评估

此次活动以促销的形式调动受众的购买欲望,主要提高了新春产品的销量,且增强了产品口碑以及品牌知名度。

第 7 章

实战：庆典公关活动策划与执行

学前提示 　对于单位和企业来说，为了树立和宣传自身的形象，提升知名度和美誉度，就需要举办相关的活动，如庆典类活动和公关类活动，就是比较常见的两种。本章就围绕这两类活动，具体介绍活动策划的相关内容，从而实现单位、企业的宣传推广目标。

要点展示
- ▶ 庆典类活动策划
- ▶ 公关类活动策划

7.1 庆典类活动策划

庆典，是各种庆祝仪式的统称。作为一个有着悠久历史和文化传统的民族，庆典活动由来已久，且很多有着古老习俗的庆典活动仍然存在并焕发了新的活力。例如，每逢人生日和各种节日，就会出现规模不一、形式多样的庆典活动，且它们还随着国家经济和文化的发展，与各行各业结合起来，助力企业宣传和营销。图 7-1 所示为××周年庆典活动现场。

图 7-1　××周年庆典活动现场

对于这种应用广泛的庆典活动，应该如何策划与执行呢？下面向大家介绍庆典活动策划过程中应该掌握的技巧和注意事项，并通过具体案例来解读庆典活动策划。

7.1.1 庆典活动策划的技巧

笔者将从 5 个方面介绍一些庆典活动策划技巧，具体内容如下。

1．对策划方案的要求

活动策划人员在考虑和撰写策划方案的时候，首先要做到非常完备，也就是说，要把活动中可能出现的各种情况都考虑进去，特别是对活动细节的把控，要做到万无一失，才能为活动的圆满举行奠定基础。

一般来说，活动策划者可从如图 7-2 所示的几个方面着手，做到面面俱到、层层深思，并反复斟酌，制订好活动策划方案。

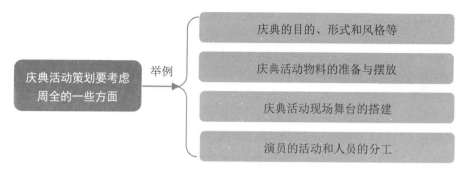

图 7-2　庆典活动策划要考虑周全的一些方面

2. 对活动现场的要求

制订好活动策划方案后,如果在活动执行过程中没有把控全局,那么活动策划方案再周全、再详细,也无法确保活动能圆满举办。可见,活动执行过程中的现场把控非常重要。

在活动现场,如果各行其是,没有一个中心和统筹人员,在活动事项众多和工作人员执行时需要协同的情况下,就有可能失去控制。因此,所有的活动都会安排专门的现场负责人来把控全局。

现场负责人的主要职责是做好活动举办方、参与方和工作人员的协商、沟通工作,其中,既有举办方、参与方和工作人员每个群体内部的协商与沟通,又包括三者之间的协商与沟通。因此,在选择现场负责人时要慎重,如果没有特别合适的人选,那么至少要确保其对活动相关产品和策划方案是熟悉的,具体分析如图 7-3 所示。

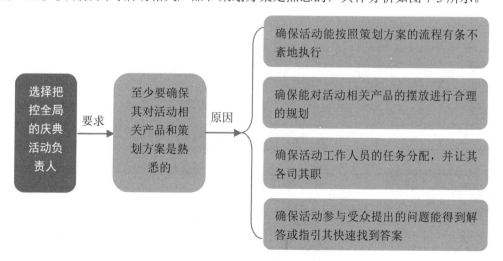

图 7-3　选择把控全局的庆典活动负责人

3. 对舞台布置的要求

在活动过程中，舞台的布置并不是把相关物料和道具摆放好就行了，而是需要根据具体的活动来进行安排，以便能契合活动的目的和主题。在此以企业庆典活动为例，介绍舞台布置的要求和技巧，如图7-4所示。

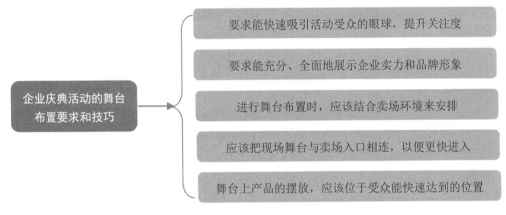

图7-4　企业庆典活动舞台布置的要求和技巧

4. 对氛围营造的要求

在活动执行过程中，活动氛围非常重要，它直接影响活动受众的参与体验和积极性。因此，在活动策划环节，应该安排相应事项，以便能营造热闹、和谐的活动气氛。一般来说，现场氛围的营造，除了环境的布置外，还与人有着密切的关系，特别是活动主持人与相关工作人员。

在此就以企业为例，从主持人和相关工作人员(主要是营销人员)的角度，介绍其在活动现场氛围的营造的要求。

首先从主持人的角度来看，在营销人员的配合下，主持人要做的是聚集人气。因此，在选择主持人时要掌握一定的技巧，如图7-5所示。

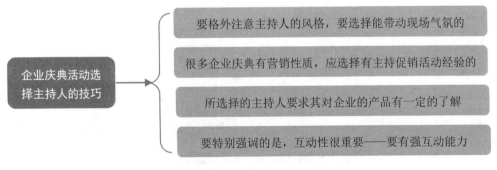

图7-5　企业庆典活动选择主持人的技巧

在选择企业庆典活动主持人时,只有掌握这些技巧,才能达到企业举办活动的目的——在充分带动活动现场气氛的情况下促进产品营销,提升销售额。

其次,从相关工作人员的角度来看,在主持人的配合下,他们要做的是产品销售。因此,在选择相关工作人员时也应该掌握一定的技巧,并对其在活动现场的行为提出要求,具体如图 7-6 所示。

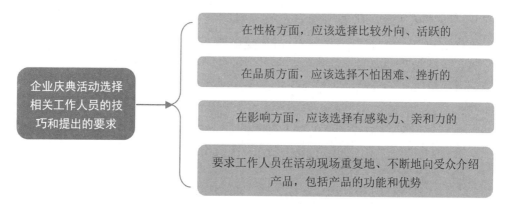

图 7-6　企业庆典活动选择相关工作人员的技巧和提出的要求

只有按照图 7-6 所示的技巧和提出的要求来选择相关工作人员,才能更好地与活动受众沟通、交流,才能让受众更多地了解产品,一方面达到宣传企业和产品的目标,另一方面也可能促进活动参与受众直接下单购买。

5. 对人员安排的要求

选择好主持人和相关工作人员后,要想让他们在活动中发挥各自的作用,就需要把人员安排到位,具体如图 7-7 所示。

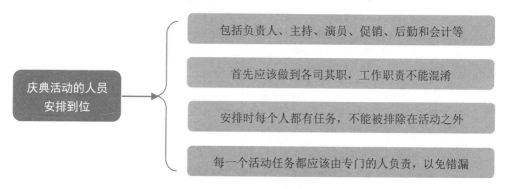

图 7-7　庆典活动的人员安排到位

当然,做好人员安排后,还应该进行专项指导,确保在活动执行过程中,每一个人都能尽其力,每一个任务都能圆满完成。

7.1.2 庆典活动策划的注意事项

在策划庆典活动时，活动策划人员不仅应该掌握上文介绍的一些技巧，还应该把握庆典活动的大方向，了解庆典活动的注意事项。总的来说，庆典活动策划要注意的事项包括 4 个方面，具体如下。

1. 在规模方面要适度

庆典活动作为一种礼仪性活动，并不是随时、随地就能举行的，要举办庆典活动，首先需要按照国家制定的规章制度进行申报，审批后才能举办。图 7-8 所示为《节庆活动管理办法(试行)》中关于审批的部分内容。

第三章　审批原则

第八条　节庆活动的审批应当按照依据明确、数量适当、规模适度，经费合规的总体要求，从严掌握，注重实效，防止形式主义和铺张浪费。

第九条　举办节庆活动必须贯彻落实科学发展观，坚持围绕中心、服务大局，对推动经济发展、弘扬先进文化、丰富群众生活、促进社会和谐具有重要意义。

第十条　公祭类节庆活动应当以祭祀中华民族人文始祖、祭拜作出重要贡献的历史人物、纪念重大历史事件为主题，具有传承优秀文化、激发爱国热情、弘扬传统美德、增进民族团结的积极作用，举办周期原则上不少于2年。

第十一条　严禁举办宣扬封建迷信、文化糟粕的节庆活动。

第十二条　严格控制举办机关单位成立、行政区划变更的纪念性庆典。直辖市、省会（自治区首府）城市及副省级城市一般不举办城市周年庆典，市（地）、县（市）不得举办任何形式的周年庆典活动。

第十三条　学校、医院、科研院所等事业单位一般不举办周年庆典活动，逢十逢百周年等确需举办的，应当按规定报批。

第十四条　各级党政机关不得举办楼堂馆所奠基和竣工庆典活动。

第十五条　中央和国家机关及其所属机关、事业单位等原则上不得与地方联合举办（包括主办、协办、赞助、支持等名义）节庆活动，确需联合举办的，应当按审批权限报党中央、国务院或主管部门批准。

第四章　审批程序

第十六条　中央和国家机关、人民团体、有关社团，各省（自治区、直辖市）党委、人大、政府、政协拟举办节庆活动的，主办单位应当至少提前3个月，于每年4月或者9月按归口分别向党中央、国务院提出申请；特殊情况需临时举办节庆活动的，可单独申请。

省级以下地区、部门和单位，中央和国家机关、人民团体、有关社团所属机关、事业单位等拟举办公祭类节庆活动的，应当根据第一款规定的时间分别通过省（自治区、直辖市）党委、政府，中央和国家机关、人民团体、有关社团，向党中央、国务院提出申请。

各省会（自治区首府）城市、副省级城市因特殊情况拟举办行政区划变更类节庆活动的，应当根据第一款规定的时间通过省（自治区）党委、政府按归口分别向党中央、国务院提出申请。

举办节庆活动原则上不搞周期化，确需定期举办的，应当专项报批。

第十七条　申请举办公祭类节庆活动，应当事先履行专家论证和公开听证程序，并书面征得文化部同意；申请举办涉外节庆活动，应当事先书面征得外交部同意；申请举办旅游类节庆活动，应当事先书面征得省级以上旅游行政管理部门同意；申请举办行政区划变更类节庆活动，应当事先书面征得省级以上民政部门同意。

第十八条　全国清理和规范庆典研讨会论坛活动工作领导小组对申请项目进行审核，并提出建议批准项目名单，报党中央、国务院审批后1个月内通过中国政府网向社会公布。

第十九条　省（自治区、直辖市）清理和规范庆典研讨会论坛活动工作领导机构对申请项目进行审核，并提出建议批准项目名单，报省级党委、政府审批后1个月内通过省级政府网站向社会公布。

图 7-8　《节庆活动管理办法(试行)》中关于审批的部分内容

可见，举办庆典活动是需要遵循适度原则的。其实，除了在申报方面要注意外，还应该在两个方面注意适度,具体如图7-9所示。

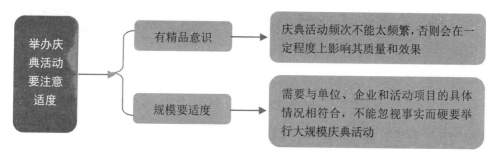

图7-9 举办庆典活动要注意适度的分析

2. 在风格方面要从简

在《节庆活动管理办法(试行)》中,除了对庆典活动的申报进行了严格规定,还对活动经费进行了约束,并要求做好监督检查工作,如图7-10所示。

第五章 经费管理

第二十条 举办节庆活动应当坚持厉行节约,严格控制活动规模和开支,所需经费实行谁办谁负责,由举办单位承担,不得向下级单位、企业和个人转嫁费用。

第二十一条 各单位应当严格经费预算,加强对节庆活动的财务收支管理。不得借举办活动发放礼金、礼品、贵重纪念品和各种有价证券、支付凭证,不得重金邀请各类名人参与活动,不得利用节庆活动为单位或者个人谋取私利。

第七章 监督检查

第二十五条 各地区各部门应当严格按照中央有关规定,加强对本地区本部门节庆活动管理工作的组织领导、政策指导和监督检查。

第二十六条 纪检监察、审计机关和财政等部门应当加强对举办节庆活动的监督检查。对擅自举办节庆活动,违规邀请领导干部出席以及领导干部违规出席活动,以举办活动为由向基层、企业和群众收费、摊派、拉赞助,挥霍浪费、滥发钱物等违规违纪行为,依照有关规定严肃处理。

第二十七条 举办节庆活动,应当严格按照有关规定,做好监管、服务工作,制定应急预案,防止安全事故的发生。

图7-10 《节庆活动管理办法(试行)》中关于经费管理和监督检查的内容

可见,举办庆典活动,除了要适度,还应该注意在风格上要从简,尽量从各个方面下功夫,举办一场简朴务实的庆典活动。总的来说,应该从3个方面着手,具体内容如图7-11所示。

可见,在举办庆典活动时,不能为了摆排场而花费大量的人力、物力和财力,而应该根据单位、企业自身的条件来安排庆典活动,并尽量做到"少花钱、多办事",避免铺张浪费。

3. 在程度方面要隆重

虽然说举办庆典活动要从简,但是在活动程度方面,却要求隆重,毕竟是庆典。其中"典"含有"庄重高雅"之意,"庆"含有庆贺之意——有热烈的意味,可见庆典，从某一方面来说，就应该是热烈、庄重的。

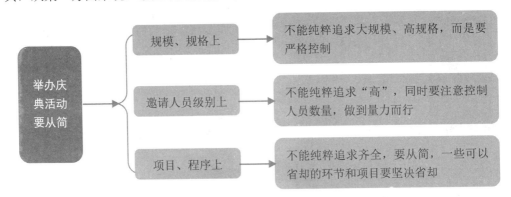

图 7-11　举办庆典活动要从简

而要想让庆典表现得热烈、庄重，就需要确保活动有一定的隆重程度，这样才符合庆典活动的内涵。关于庆典活动要求的隆重程度，具体分析如图 7-12 所示。

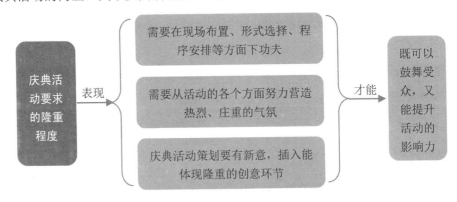

图 7-12　庆典活动要求的隆重程度

4. 在时间方面要适时

关于庆典活动，其类型有很多，其中既有基于节日而发起的节日庆典活动，也有基于某一事件而发起的其他庆典活动。对于前者而言，在时间的选择上一般是固定的，可供选择的范围比较小，一般是集中在节日到来前的十天、半月内举办，很少有企业、单位在节日当天举办庆典活动，更不会放在节日之后。

至于其他庆典活动，除了周年庆外，基本上会根据前期准备来选择时间。对于这类庆典活动，一般而言，企业会根据自身与市场时机来进行活动的前期准备和选择活动时间。在举办庆典活动的时间选择上，活动策划者应该从以下 4 个方面来思考，如图 7-13 所示。

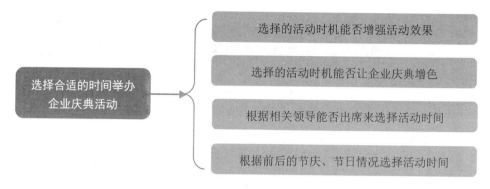

图 7-13 选择合适的时间举办庆典活动

7.1.3 ××公司开业庆典活动策划书

开业庆典，作为一个企业主体向社会公开开始经营业务的礼仪性典礼，是企业进行宣传推广的好时机——借助庆典，可以让来宾和社会充分了解企业的经济实力和社会地位。因此，所有的企业都会对开业庆典非常重视，同时也会花费很多精力在自身开业庆典的策划和执行上。在此就以××公司开业庆典活动为例，进行具体介绍。

1. 活动目的

开业庆典标志着一个企业主体的商业性活动的开端，此时的主要任务就是让受众了解企业、认识企业，并把这一范围不断扩大。因此，××公司开业庆典活动的目的有 5 个，具体如下。

- 树立企业及其品牌形象。
- 让受众了解企业的发展史和经营范围。
- 提升企业在行业内的知名度，促进业内合作。
- 增强员工对企业的信心，提升凝聚力。
- 加强与各界媒体的联系，产生良好的新闻效益。

2. 活动主题

在确定开业庆典的主题时，可以直接以"××公司开业庆典"为主题。当然，如果企业想要吸引受众和媒体的注意力，也可以撰写一个有创意的主题，如"××开业盛宴 邀您共享""××启航 成就未来"等。

3. 活动时间和地点

在选择开业庆典的举办时间时，主要应该从以下 3 个方面加以考虑，如图 7-14 所示。

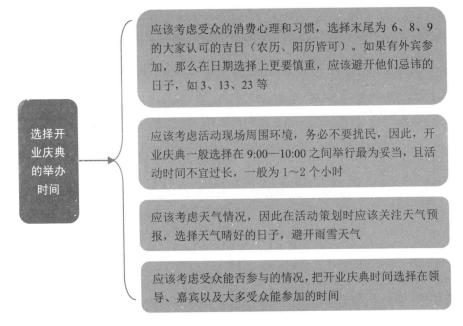

图 7-14　选择开业庆典的举办时间

开业庆典一般在开业现场举行,既可以是室外比较大、平坦的场地,也可以是室内能容纳较多受众的大厅。

4．活动准备工作

开业庆典活动的时长只有 1～2 个小时,但是前期准备时间比较长,长则可达数月,短则也需要数天。这是因为在前期准备时间里,有许多工作需要完成。下面选择其中主要的几项进行介绍。

1)　宣传

举办开业庆典,就是向大家昭示企业、门店等开始营业,在很大程度上就是更广泛地向外宣传。可见,宣传对于开业庆典来说非常重要。基于此,在举办开业庆典时,做好前期宣传工作,才能让开业庆典的宣传活动进行得更顺利,效果也会更好。

那么,在准备举行开业庆典时,应该从哪些方面入手做好活动宣传工作呢?在笔者看来,可从两个方面着手,具体如下。

- 准备宣传内容,利用各种宣传资料进行宣传。也就是说,首先应该把企业的经营理念、发展规划、服务宗旨等撰写成文,发布到网站上、制成物料和投放专属广告位进行宣传。
- 邀请广告媒体,与他们合作进行报道宣传。在开业庆典活动中,可以让广告媒体成为被邀请的嘉宾出席活动,并按照要求安排场地和器材,以备他们展开工作。

专家提醒

关于开业庆典的媒体报道准备,可从以下 3 个方面着手。

① 在活动流程和项目基本确定之后,告知媒体最佳的到达时间,既不要提前,以免浪费时间,也不要延后,以免没有做好相关准备和错过最佳报道场景。

② 配合媒体节目的规定播放时间,特别是大型的开业庆典,如果要在新闻节目中播出,那么必须给媒体人员留出时间来进行节目编辑,准备播出。

③ 除此之外,在其他方面也应该积极配合媒体,这样才能让自身的开业庆典在节目中获得好的宣传效果,为企业宣传和后续发展提供助力。

2) 嘉宾

在嘉宾方面,开业庆典活动的准备工作主要包括 3 个方面,具体如图 7-15 所示。

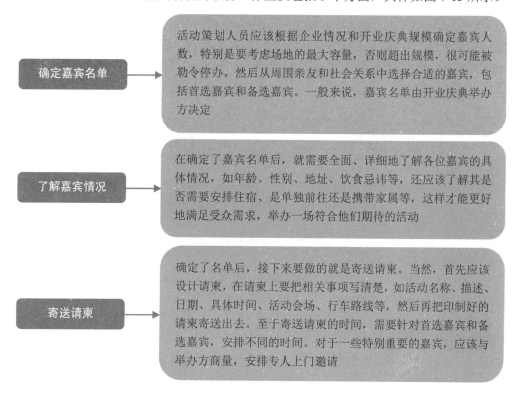

图 7-15 开业庆典活动中嘉宾方面的准备工作

3) 场地布置

与其他活动不同的是,举办开业庆典仪式时,举办方和嘉宾一般都是站立的,因此在布置场地时,一般不会设置主席台和座椅,但是可通过铺设红地毯来凸显活动的隆重。另外,开业庆典场地的布置还包括其他很多方面,下面举例进行介绍,如图 7-16 所示。

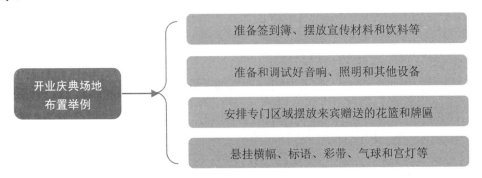

图 7-16　开业庆典场地布置举例

4) 人员安排

在活动准备过程中,应该成立专门的筹备小组负责企业庆典活动。然后应该确定活动策划公司,利用倒计时工作表,与活动策划人员确定好企业开业庆典活动的相关事项。至于活动策划中的具体人员安排,这里就不再进行具体介绍了。

5. 活动预算

在开业庆典活动策划书中,其活动预算费用指的是活动策划公司做出的举办活动所需的费用,不包括活动策划公司的策划费用。其活动预算主要包括以下 6 项内容,如图 7-17 所示。

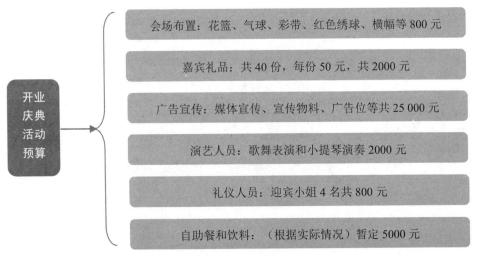

图 7-17　开业庆典活动的经费预算

6. 活动内容

在开业庆典活动策划书中，应该将活动的各个环节撰写清楚，特别是时间、人物等，要非常明确。××公司开业庆典活动的主要内容如图 7-18 所示。

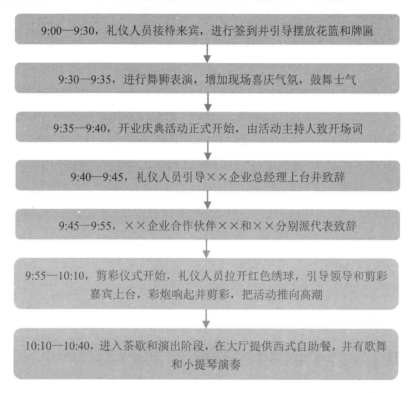

图 7-18　××公司开业庆典活动的主要内容

7. 效果评估

××公司举办的开业庆典活动，从总体上来说，在一定程度上达到了宣传目的——向外界传递了正式开业的信息，同时是关于企业的经营理念和未来发展的一次比较全面的展示，能帮助受众和合作伙伴进一步了解、认识企业。当然，活动过程中也存在一些细节问题，这让活动筹备小组和策划团队能进一步认识到自身存在的问题，并积极加以改善，为未来的活动策划提供借鉴。

7.1.4　××大学 70 周年庆典活动策划书

周年庆典，一方面是企业、单位等自身发展成果的展示和庆贺，另一方面又是对未来的展望，既有利于企业、单位等进行宣传，也是树立良好形象的好时机。在此以××大学 70 周年庆典活动为例，进行具体介绍。

1．活动目的

××大学70周年庆典活动的目的主要有以下两个。

一是对外展示××大学70年来的发展历史以及教学与科研成果，扩大影响，提升学校的知名度和美誉度，为学校今后的发展创造良好的舆论环境。

二是宣扬学校的优秀传统和学术风采，让学生与教职工进一步了解与认识学校，激发其集体荣誉感和自豪感，提高学校向心力和凝聚力。

2．活动主题

××大学70周年庆典活动的主题为"坚持理念，科学发展"。

3．活动时间和地点

活动时间：××年11月26日上午9:00—12:00。

活动地点：××大学大操场。

4．活动对象

××大学全体师生、校友和能够莅临的直属领导干部和新闻媒体。

5．活动准备工作

××大学的校庆准备工作比较多，准备阶段持续时间长——达半年之久。从其准备工作来看，可以分为以下6个方面。

1) 校庆办公室成立

在该阶段，主要是从整体上对70周年庆典活动有一个大的指导方向，即确定活动主题，构思总体方案，并成立专门的校庆办公室来筹备和安排70周年庆典活动，有利于校庆活动顺利展开。

2) 准备校庆相关资料

校庆资料是由多方面组成的，其中，校庆宣传资料是比较重要的一部分，举例如图7-19所示。

在准备校庆宣传资料的同时，还可以着手准备校庆宣传方案资料，制订校庆宣传方案。一般来说，校庆宣传方案包括以下3个方面。

- 校庆宣传片：校庆办公室应该组织人员根据收集到的各种资料，选择其中的精华内容和关键信息，编写脚本，并制作成宣传片。
- 校庆论文集：把学校教职工和历届学生的论文汇集起来，选择其中的获奖论文和其他优秀论文，结集出版。
- 校庆公告信息：在学校官网、直属机关官网和其他媒体平台上发布校庆信息，扩大校庆信息的传播范围。

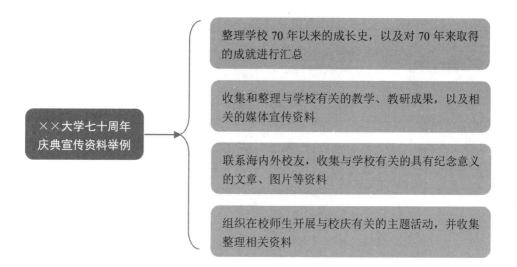

图 7-19 ××大学 70 周年庆典宣传资料举例

3) 准备校庆节目海选

为××大学 70 周年庆典活动准备文艺节目,首先要求各班学生积极报名参与,尤其是有特长的学生,并要求各班组织师生排练集体节目,如大型舞蹈、集体班级合唱等。然后对报名出演的节目进行海选,选择其中优秀的节目上报,再次进行海选,以此类推,最终确定校庆文艺节目名单。

4) 准备校庆纪念品

在师生、校友中征集关于校庆纪念品的意见和建议,选择其中中肯的进行表决,最后交付相关部门联系企业生产。一般而言,校庆纪念品有纪念徽章、书签、文化衫、笔记本等。

5) 嘉宾

在 70 周年校庆活动上,除了全校师生外,还邀请一些校友和相关领导、新闻媒体等到场。对于这些嘉宾,需要发出请柬,诚恳地邀请他们参加学校周年庆典活动。

6) 现场布置

现场布置应该在庆典活动举办前一天全部准备就绪,并要进行检查,以免出现错漏。在现场布置方面,主要包括:安排主席台座椅,在校园内张贴校庆校情宣传海报张贴,悬挂横幅、彩带、气球,等等。

6. 活动预算

××大学 70 周年校庆是一个大型的、广为宣传的活动,因此,活动预算相对于一般的公司、店铺开业庆典活动来说要多一些——如果媒体宣传比较全面的话,那么费用会高达几十万,具体如图 7-20 所示。

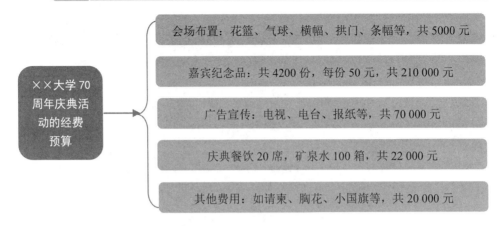

图 7-20　××大学 70 周年庆典活动的经费预算

7．活动内容

在××大学周年庆典活动策划书中，活动中的各环节要安排有序，并清晰地呈现出来。××大学周年庆典活动的主要内容如下，如图 7-21 所示。

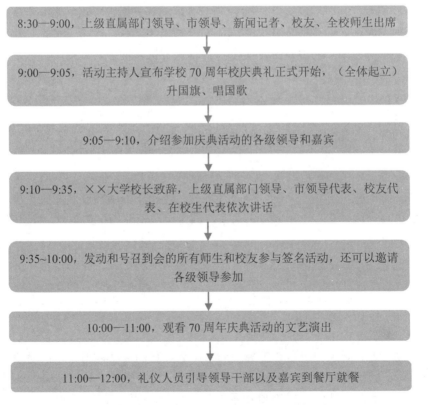

图 7-21　××大学 70 周年庆典活动的主要内容

8. 效果评估

××大学举办的 70 周年庆典活动，对提升学校知名度与美誉度和提高学校向心力与凝聚力都有着巨大的积极意义。同时，它既是在以往周年活动上的改进，也是结合时代环境策划的 70 周年庆典活动，能为后来的周年庆典活动提供借鉴。

7.2 公关类活动策划

对于企业来说，公关活动是提高品牌知名度、美誉度、认知度等方面的一种渠道，即通过活动的方式让公众对企业产生新的看法。本节将讲解公关活动策划的相关内容。

7.2.1 公关活动成功的原则

公关活动策划成功与否，对企业形象的树立和宣传有着巨大的影响。如果策划不成功，不仅不能展示企业和品牌形象，还有可能会损害企业和品牌形象。那么，要想确保公关活动举办成功，应该怎么做呢？在笔者看来，策划一场成功的公关活动，需要遵循一定的原则，具体如图 7-22 所示。

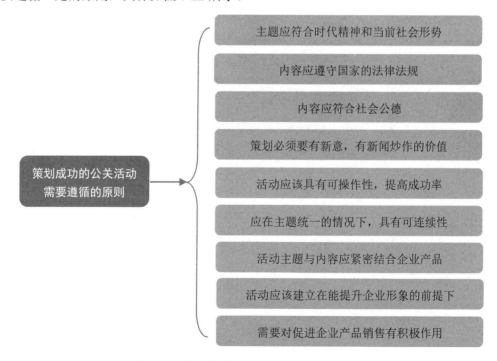

图 7-22　策划成功的公关活动需要遵循的原则

7.2.2 公关活动策划技巧

公关活动也是活动的一种,需要按照常规的方法来安排活动策划,然而在活动策划过程中,又需要掌握一些实用的技巧。在笔者看来,可从以下几个方面着手,如图 7-23 所示。

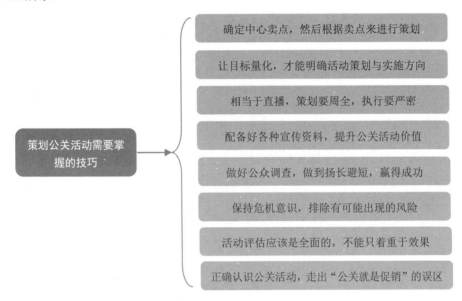

图 7-23 策划公关活动需要掌握的技巧

7.2.3 公关活动策划方案的内容

了解了公关活动成功应遵循的原则和策划的技巧,接下来就应该着手进行活动策划了。那么,从大的方面来看,公关活动策划方案应该包括哪些内容呢?在笔者看来,公关活动策划方案的具体内容如下。

- 全面把握企业和品牌的发展现状,并找出造成企业现状的原因。
- 对基于现状而开展的公关活动,应提出具体的、量化的目标。
- 确定一个活动主题,这是所有活动策划的必要内容,公关活动也不例外。
- 分析企业产品的目标受众,然后有针对性地策划和开展有效的公关活动。
- 公关活动的方式众多,如公益活动、新品发布会等,选择其中一种进行创造性的策划。

7.2.4 公关活动策划的注意事项

上文提及,公关活动的方式有很多,不同的方式有不同的特点,需要注意的方面也不同。在此以新品新闻发布会为例,介绍公关活动策划的一些注意事项。

由于新闻发布会具有正式、正规、权威的特点,所以在进行新闻发布会活动策划时,一定要规避一些容易犯而不可犯的错误。下面就来了解一下新闻发布会活动策划的注意事项,如图 7-24 所示。

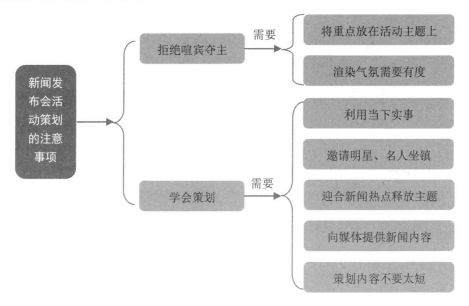

图 7-24 新闻发布会活动策划的注意事项

7.2.5 ××新品新闻发布会策划书

下面就来为某某公司模拟一份新闻发布会策划书,即《××新品新闻发布会策划书》,具体内容如下。

1. 活动地点

一般来说,活动地点最好选择在室内,可以规避突发天气情况,且环境较为安静,但也存在一定的缺点,若地点比较小,就不利于记者拍照,由此,活动地点的规模一定要挑选好,如××新品新闻发布会的举办地点就选择在一家五星级酒店内。

2. 活动时间

新闻发布会在时间方面也不能随意选择,需要尽量避免以下事项的发生。
- 避免与重大政治事件在同一时间举行。
- 避免与竞争对手在同一时间举行。
- 避免在上午较早的时间或者晚上举行。
- 避免会议举办时间超过 1 小时。

例如,××新品新闻发布会就选择在 2019 年 7 月 16 日下午 15:00—16:00 举行。该新闻发布会的设计要点在于:一般来说,新闻媒体人员都会在获取信息的第二天再进行新闻报道,由此,每个星期的星期一、二、三的下午是比较适合举行新闻发布会的。

3. 活动主题

一般来说,对于企业而言,新闻发布会实质上是一个新品发布会。若品牌比较受欢迎,就算直接以"××产品新品发布会"作为主题,也会有媒体关注。但对于知名度不大的品牌,若也用"产品新品发布会"作为主题,是很难吸引媒体的注意力的。因此,活动策划者在主题方面最好多下点功夫,撰写出一个与新产品有关联的且足够吸引人的主题,如××新品新闻发布会的活动主题是"探索深海生命能量·延续美丽"。

4. 活动目的

活动策划者一定要把举办新闻发布会的核心目的表述清楚,如××新品新闻发布会的活动目的包括 3 个,即让新产品正式面世、通过新闻媒体使人们更了解新产品和吸引经销商的加盟。

5. 活动背景

新闻发布会的活动背景一般与产品、品牌、企业有关,活动策划者可从历史、存在的意义等方面进行介绍。图 7-25 所示为××新品新闻发布会的背景分析。

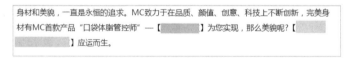

图 7-25　××新品新闻发布会的背景分析

6. 宣传方式

新闻发布会的宣传方式种类繁多,活动策划者需要根据产品的特性来选择合适的宣传方式。图 7-26 所示为××新品新闻发布会的宣传方式。

7. 活动受众

新闻发布会的受众广泛,既有企业内部人员也有外来人员,既有宣传团队也有产品的目标消费者。例如,××新品新闻发布会的活动对象就包括 4 类,即特邀嘉宾、相关媒体、企业内部相关人员和有入场券的企业粉丝。

8. 活动准备

一般来说,新闻发布会的准备工作分为 3 个部分,即现场布置细节、物料准备细节和工作人员的配备，活动策划者围绕这 3 个部分进行撰写即可。图 7-27、图 7-28 和图 7-29 所示分别为××新品新闻发布会各部分的准备工作。

9. 活动流程

在撰写新闻发布会的活动流程时，一定要将活动的各环节精确到具体的时间段。图 7-30 所示为××新品新闻发布会的活动流程。

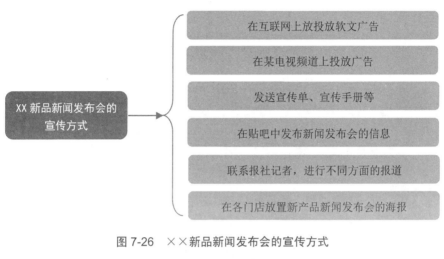

图 7-26　××新品新闻发布会的宣传方式

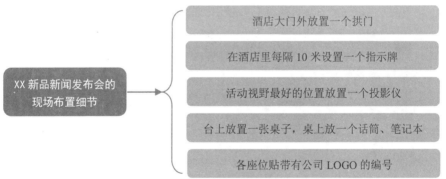

图 7-27　××新品新闻发布会的准备工作——现场布置细节

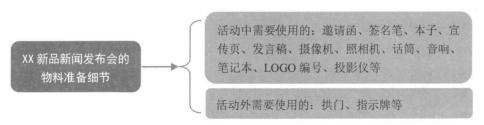

图 7-28　××新品新闻发布会的准备工作——物料准备细节

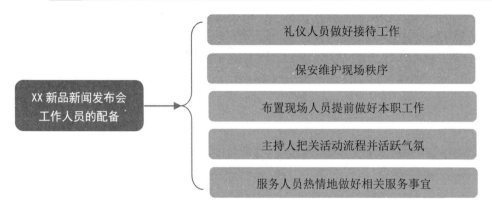

图 7-29　××新品新闻发布会的准备工作——工作人员的配备

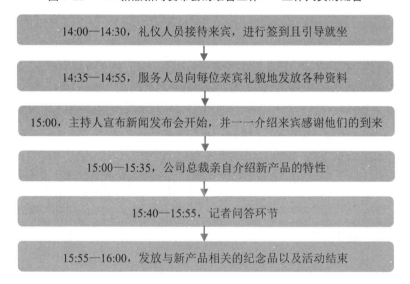

图 7-30　××新品新闻发布会的活动流程

10．活动预算

在制定新闻发布会的活动预算时，需要将各个方面的花费都计算在内，尽量做到准确。至于活动预算的细节内容，这里就不再进行介绍。

11．活动评估

这一部分内容，其实就是告诉管理者此次新闻发布会企业可以从哪些方面得到好处。具体而言，包括以下 3 个方面。

- 了解媒体发布情况，收集各种资料。
- 从会上来宾的发言、提问、讨论等方面来评测新闻发布会的效果。
- 会后需要收集来宾对新闻发布会的反馈信息，从而总结经验。

【案例分析】

通过《××新品新闻发布会策划书》可以发现，新闻发布会的宣传方式有很多，除了案例中提到的方式外，还有以下可用的宣传方式。

- 通过企业官方微博发送新闻发布会举办的信息。
- 通过微信公众号、朋友圈、微信群发送新闻发布会举办的信息。
- 通过QQ群、QQ兴趣部落发送新闻发布会举办的信息。

第 8 章

实战：宴会、品牌活动策划与执行

学前提示　对于一些知名企业或品牌来说，除了会经常举办节日促销、庆典公关等类型的活动，还可以借助其他类型的活动来提升自身形象，达到宣传推广的目的。本章就以宴会晚会类活动和品牌推广类活动为例，具体介绍活动策划的相关内容。

要点展示
- ▶ 宴会、晚会类活动策划
- ▶ 品牌推广类活动策划

8.1 宴会、晚会类活动策划

在日常生活和工作中，宴会、晚会是很常见的，如答谢宴会、年终宴会、寿宴等。对企业而言，适时举办一些宴会，有利于其宣传推广。本节就介绍一些常见宴会、晚会活动的策划，以便为读者日后的策划工作提供借鉴。

8.1.1 活动的常见举办地点

一般来说，宴会、晚会类活动参与的人数比较多，因此，活动场地一般比较大，另外，因为参与人的身份和数量都比较明确，对活动地点的选择也更具有指向性。

那么，关于宴会晚会类活动，其常见的举办地点有哪些呢？如图8-1所示。

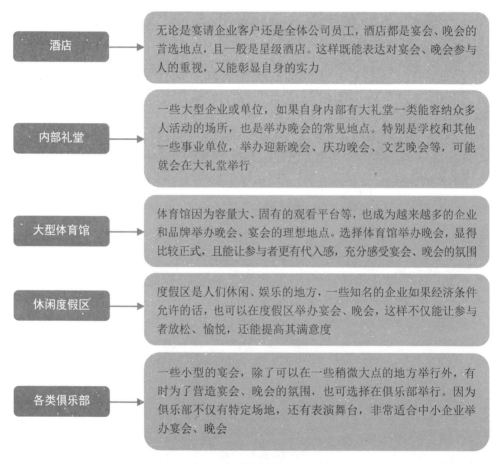

图 8-1 宴会、晚会类活动的常见举办地点

8.1.2 选择活动地点的注意事项

一般来说，宴会、晚会类活动的规模比较大，而要想把"大"呈现出来，除了参与人数以外，活动的场地也是关键。因此，在选择此活动地点时要慎重。图 8-2 所示为选择宴会晚会类活动地点的注意事项。只有在掌握了这些注意事项的基础上选择活动地点，才能让活动开展得更顺利。

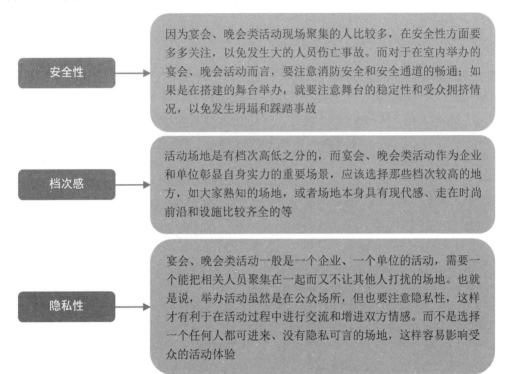

图 8-2 选择宴会晚会类活动地点的注意事项

8.1.3 拒绝平庸的年会方案

年会，顾名思义，就是一年举行一次的集会。它是一种比较常见的宴会晚会类活动。特别是对企业来说，年会不仅是一次总结性的集会，也是一次展望未来的集会，更是一次鼓舞团队士气的集会。

对企业、单位来说，年会的效果是存在差别的。而一场成功的年会，需要以成功的年会活动策划方案为依托。因此，要想在一开始就摆脱可能是失败的、平庸的年会的困扰，就要学会拒绝平庸的年会方案，策划一个成功的年会方案。

那么，平庸的年会方案表现在哪些方面呢？在笔者看来，可以从以下 3 个方面来判断年会方案是否平庸，如图 8-3 所示。

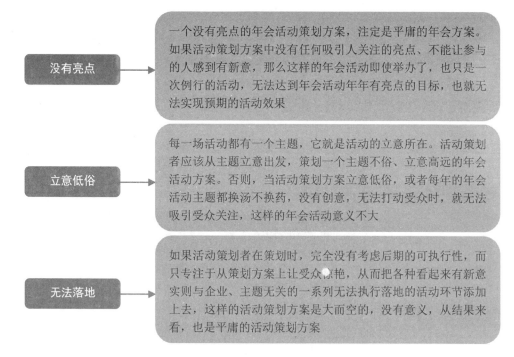

图 8-3 平庸的年会方案的表现

对活动策划者而言，成功的活动策划方案恰好与图 8-3 的内容相反——它必须是有亮点的、立意高远且有意义、能落地执行形成活动效益的。否则，就难逃平庸年会方案的命运，自然其活动效果也难以令人满意。

8.1.4 活动策划的标准和注意事项

每一场活动，都有它的目的所在，只有能顺利达成其目的的活动策划才是一个成功的活动策划。而成功的活动策划是有其标准的，同时也要注意一些问题。本节就以晚会活动为例，介绍一下成功的活动策划的标准和注意事项。

1. 成功的晚会活动策划标准

总的来说，成功的晚会活动策划，其标准是要达到花最少的钱，获得最大的品牌影响力。那么，具体而言，其标准主要表现在哪些方面呢？图 8-4 所示为成功的晚会活动策划的标准。

2. 成功的晚会活动策划注意事项

作为一种比较流行的活动形式，晚会活动是很多企业和品牌都热衷举办的活动。而且对于受众来说，白天工作一天之后，晚上参与活动放松一下，也是一种不错的选择，因此也会乐于参加。

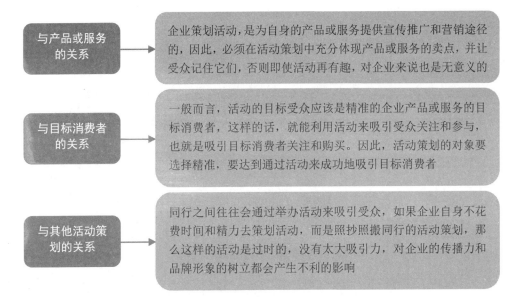

图 8-4 成功的晚会活动策划的标准

那么，企业在策划成功的晚会活动时，有哪些要注意的事项呢？笔者认为，要注意的事项主要表现在 3 个方面，如图 8-5 所示。

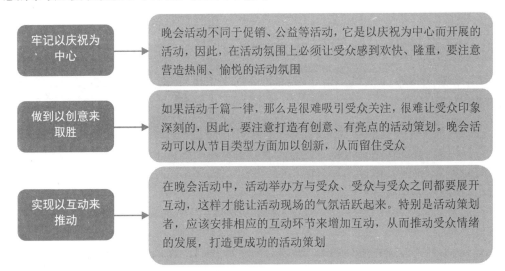

图 8-5 成功的晚会活动策划的注意事项

8.1.5 灯光设置非常重要

因为晚会的举办时间是在晚上，因此，灯光的设置很重要，特别是在有舞台表演的情况下，更是如此。好的灯光设置，对于特定场景的人物和景物的塑造有着重要的作用。

那么,活动策划者在安排灯光设置时,应该注意哪些要点呢?具体说来,主要包括3个方面,如图8-6所示。

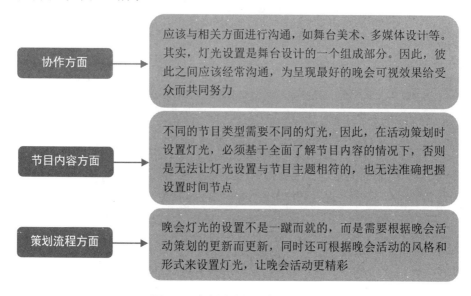

图8-6 晚会活动的灯光设置要点

8.1.6 ××餐饮协会年会活动策划书

下面就来为协会模拟一份年会活动策划书,即《××餐饮协会年会活动策划书》,具体内容如下。

1. 活动背景

××餐饮协会是由多位餐饮行业职业经理人组成的协会,有利于行业之间的沟通和交流。为了把这种沟通和交流做到更好,××餐饮协会还安排了每半年一次的年会活动,以便各方之间进行品牌推广和寻求合作伙伴。

2. 活动目的

活动策划者应该在策划书中首先将活动的主要目的展示出来,这样才能便于在后期的活动策划和执行阶段基于这一目的来开展工作,也能让举办方和相关参与人员了解活动的价值和作用,为活动策划付诸执行打下基础。图8-7所示为××餐饮协会年会活动的目的。

3. 活动主题

××餐饮协会年会活动主题为"茶中岁月,你我共赢"。

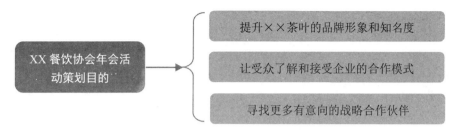

图 8-7　××餐饮协会年会活动策划目的

4. 活动时间和地点

活动时间为 2019 年 7 月 30 日 10:00—12:00。活动地点为××广场××大厦 9 楼 0903、0904、0905 室，具体活动地点待现场确认。

5. 活动对象

活动对象为××餐饮协会精准的合作伙伴。

6. 活动流程

年会活动的流程一般比较简单，活动策划者只要把握好时间节奏进行撰写即可。图 8-8 所示为××餐饮协会年会的活动流程。

图 8-8　××餐饮协会年会的活动流程

7. 工作安排

××餐饮协会年会的工作安排，需要做到详细、清楚，让活动执行人员能看懂、能落地执行，如表8-1所示。

表8-1　××餐饮协会年会的工作安排表

责任人	时间安排	主要事项
宣传部	2019年7月23—29日	①负责协会活动宣传内容的制作 ②检查场地装饰布置
财务部	2019年7月25日	①根据活动情况准备相关发票 ②做好采购预算
其他部门	2019年7月23—27日	①布置场地，保证场地清洁度 ②保证活动过程中的安全性 ③做好活动礼品、活动相关工具的采购工作 ④确定活动人员和嘉宾，发邀请函 ⑤落实茶艺师和书法家，培训活动主持人、茶艺小姐

8. 活动预算

计算××餐饮协会年会的所有花费，如表8-2所示。

表8-2　××餐饮协会年会活动预算表

活动名称	××餐饮协会年会活动			
活动主题	茶中岁月，你我共赢			
用途	项目	单价	数量	总价/元
前期推广	易拉宝	100元/个	2个	200
	宣传资料	2元/份	120份	240
道具租借	话筒	5元/个	2个	10
	音响	500元/台	2台	1000
	桌子	700元/张	1张	700
	茶桌	1200元/张	1张	1200
布置工具	气球	5元/打	100打	500
	胶带	2元/个	10个	20
礼品	铁观音	228元/份	120份	27 360
聘用人员	主持人	200元/名	1名	200
	茶艺小姐	150元/名	4名	600
餐饮	午餐	1200元/桌	11桌	13200
不可预计的花费				4770
总计				50000

9. 活动评估

此次活动采用行业年会的形式，看似是沟通交流，其实随着活动的开展，是能树立品牌形象和促进合作的。无论是对各企业来说，还是对餐饮行业来说，都具有促进发展的积极意义。

8.2 品牌推广类活动策划

在社会和企业经济发展过程中，品牌的推广非常重要。也正是因为品牌推广的重要性，出现了各种以品牌推广为目的的运营行为来开展活动。本节就围绕品牌推广活动，介绍活动策划的相关内容。

8.2.1 策划前的宣传推广方法

品牌推广活动的重点就在于"推广"二字，而要想提升推广的效率，那么就有必要做好活动的宣传工作，找对宣传的方法。图 8-9 所示为活动策划前的宣传方法。

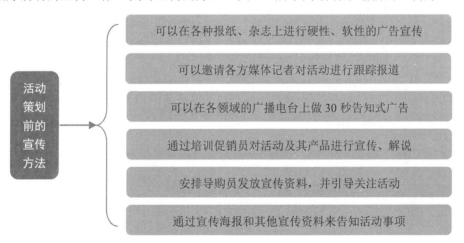

图 8-9 活动策划前的宣传方法

8.2.2 要有明确的思想主题

品牌推广活动是一种商业化的活动，为了让其商业宣传效果更好，就应该确定一个明确的思想主题。只有这样，才能让活动的受众印象深刻，才能达到利用活动宣传品牌的目的。

否则，没有一个明确的思想主题——可能是没有考虑活动的主题，也可能是包含了多个活动主题，这些都是错误的做法，是无法让活动发挥应有的宣传作用的。

对品牌来说，策划一场宣传品牌的推广活动，其主题的选择性是多样化的。例如，可以把品牌理念作为活动的思想主题，让受众更清楚地认识你，提升品牌的知名度。又如，可以把品牌的独特技术作为活动的思想主题，让受众了解到自身品牌的优势所在。再如，可以把品牌的主打产品作为活动的思想主题，不仅让受众了解产品，激发受众需求，还能让受众通过产品认识品牌，提升品牌的认可度和美誉度。

图8-10所示为"Hi选"好味火锅创新赛活动。其主题就是"千挑万选Hi由我"——该活动就是利用新推出的锅底产品来对海底捞这一品牌进行宣传推广。

图8-10 "Hi选"好味火锅创新赛活动

8.2.3 注意娱乐的表现形式

说到活动，人们就会把其与有趣结合起来。可见，活动的娱乐性不可缺少。对企业和品牌来说，品牌推广活动也应该具有娱乐性——利用娱乐的表现形式来推动品牌推广。

如果一个企业和品牌，策划活动时完全采用公式化的活动环节，非常严肃、认真，那么受众的参与热情和关注欲望就会大大降低，这对于品牌推广来说是非常不利的。只有在活动策划时，注意在活动流程中加入一些有创意的娱乐性的活动环节和项目，并注重娱乐气氛的设计，才能引导受众积极参与活动。

而且，对于企业和品牌来说，其宣传推广活动的活动效果，在很大程度上取决于参与受众的规模和积极性。如果活动缺少娱乐的表现形式，那么受众就会兴趣缺乏，参与的受众就会相对较少，即使有些人基于活动开始时某一方面的福利吸引而参与了活动，然而当他获得了福利后，也可能中途退场。

8.2.4 应该富有情节性

活动都是有自身的流程进展的,从某一方面来说,就是活动应该富有情节性,能让受众清晰地感受到活动中节奏的变化。那么,活动策划者应该从哪些方面着手,才能让活动富有情节性呢?具体说来,主要包括以下6点,如图8-11所示。

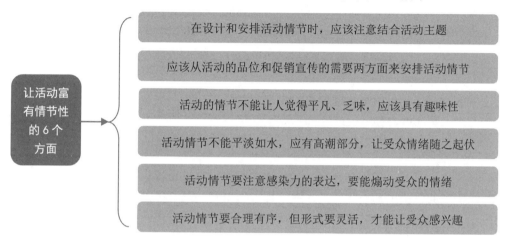

图8-11　让活动富有情节性的6个方面

8.2.5 对公众要求应该简单

人们可能都遇到过这样的情况:自己想参与某一项活动,但在参与的过程中,需要各种各样的资料和不断进行认证,最终因为没有耐心或时间而放弃参与。如果很多受众都因为参与活动过程中的各种要求而放弃参与,那么是与活动需要谋求更多用户参与而形成轰动效应的目的相违背的,是不利于品牌推广的。

可见,在策划品牌推广活动时,应该尽量减少对受众的要求——在参与条件和活动操作方面都应该力求简单。特别是对线上活动来说,更是如此。

因为一个完整的线上活动参与过程,并不是都可以在一个页面上完成的,有些活动从开始到结束需要在不同的页面间跳转。这里的"跳转"包括两种,具体如下。

- 不同层级页面的跳转:当活动从开始到结束包括了两个或两个以上的层级时,需要在代表不同层级的活动页面间跳转。
- 不同平台页面的跳转:当活动从开始到结束跨越了不同平台,需要在第三方平台上进行操作时,需要在不同平台页面间跳转。

然而,不管是怎样的跳转,对于活动受众来说,还是越简单越好。因此,在进行活动开发时,最好把活动操作汇总到其中一个或两个页面上,减少页面的跳转。只有这样，才能让用户更好地、无间断地体验活动参与过程。

而对于那些需要跳转到第三方平台页面的活动的开发，更需要慎重，最好是不设置这样的跳转。即使有时出于需要不可避免，也要在进行活动开发时减少跳转的程序。对那些需要下载APP等不常用的第三方平台，活动中最好不要涉及。

因为对用户而言，下载不同软件不仅需要流量和内存，同时还可能存在安全隐患。用户就有可能在中途停止活动的参与，这样是不利于用户完整体验活动的。而对于企业和品牌来说，试图通过活动来宣传推广的目的也难以实现。

8.2.6　××汽车行业品牌活动策划方案

下面就来为××汽车品牌模拟一份活动策划书，即《××汽车品牌售后关爱活动策划书》，具体内容如下。

1．活动背景

在炎炎夏日，人们乘车出行，如果出现了某方面的故障，那么对车主来说，并不是一个美好的体验。基于此，××汽车品牌的相关4S店开展夏日售后关爱活动。

2．活动目的

希望通过开展夏日售后关爱活动，让车主乘车全程顺畅，从而树立起××汽车品牌的良好形象，提升品牌好感度和受众忠诚度。

3．活动主题

××汽车品牌售后关爱活动的主题为"炎炎夏日　关爱到底"。

4．活动时间和地点

活动时间为2019年7月18日—8月17日。活动地点为××汽车品牌各4S店。

5．活动对象

活动对象为××汽车品牌4S店新老用户。

6．活动流程

活动流程包括5个，即用户预约、进店接待、活动讲解、车辆检测及维护和交车。

7．活动内容

此次品牌售后关爱活动的内容主要包括3项，具体如图8-12所示。

8．活动评估

此次活动采用售后关爱服务的形式，让关注××汽车品牌的新老用户感受到品牌传递出的夏日关爱，这样的行动是能树立品牌形象，并促进品牌推广的。

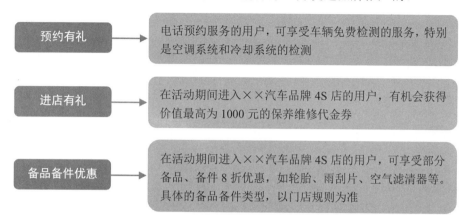

图 8-12 ××汽车品牌售后关爱活动的活动内容

第 9 章

实战：行业活动策划与执行

学前提示 如今各行各业都养成以活动的形式来提高企业自身的知名度、品牌美誉度、产品销量等方面的习惯。由此，活动已经成为行业炙手可热的"战士"，成为各行业不可缺少的一部分。本章就以餐饮、美容、建材家居三大行业为例，介绍行业活动策划的相关内容。

要点展示
- ▶ 餐饮行业活动策划
- ▶ 美容行业活动策划
- ▶ 建材家居行业活动策划

9.1 餐饮行业活动策划

餐饮作为一种与人们息息相关的行业，是一种全方位服务的行业——消费者不单单想在餐馆中获得美食，还想在享用美食的过程中获得舒心的服务。只有同时达到了这两点，消费者才会感到满意，才会愿意长久光顾一个地方，才能提高餐馆的销量和利润。

于是在餐饮行业中就出现了各个企业不仅在为消费者提供好的吃食，还不停地在策划一些足够吸引消费者眼球的活动，来促使消费者得到满足感。由此可知，餐饮行业比较看重的"挖金技巧"就是活动策划了。下面就来了解餐饮行业活动策划的相关内容。

9.1.1 让口碑成为餐饮活动的宗旨

餐饮其实是一种最需要口碑效应的行业。例如在团购活动中，若某一家餐馆有消费者留言说味道不好、服务差等，这些不利的评价会大大损坏餐馆的口碑，从而影响其他消费者的消费；若有消费者留言说餐馆味道好、服务不错等，这一类有利的评价会大大提高餐馆的口碑，从而推动其他消费者下单购买。

图 9-1 所示为美团平台上推出团购活动的两家餐馆得到有利口碑和不利口碑的销量对比。

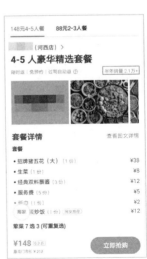

(1)有利口碑的餐馆及其销量

图 9-1 有利口碑与不利口碑的销量对比

(2)不利口碑的餐馆及其销量

图 9-1 有利口碑与不利口碑的销量对比(续)

由图 9-1 可知，两家餐馆虽然同样得到了低分，可是从评论来看，前者的用户评论数量多得多(多达 13 916 条)，在打分上很多用户都打了 5 分满分，在标签上更是全部都是好评；后者则明显相反，不仅用户评论数量少(只有 7 条)，在打分上没有 5 分满分出现，而且有多条评论的内容含有负面信息。从销量上来看，前者半年销量高达 2.1 万+单，后者半年销量仅有 79 单。可见，口碑对餐馆的影响力还是非常大的。

因此，活动策划者在策划餐饮行业的活动时，需要以提高口碑作为活动宗旨，时刻注意活动内容是否会影响口碑。

- 若活动策划者确定活动能提高口碑，即可实行。
- 若活动策划者不能确定活动能提高口碑，或者发现活动会影响口碑，哪怕是影响非常小的一个因素，也需要重新修改活动内容，直到确保活动能成为提高口碑的利器为止。

9.1.2 先自我分析再进行活动也不迟

活动策划者不要急躁地进行餐饮行业活动策划工作，需要根据自身现状做一个诊断，找出可能会影响餐饮活动成功的因素，做到在活动中尽量规避。具体来说，活动策划者需要从 3 个方面入手分析自我，如图 9-2 所示。

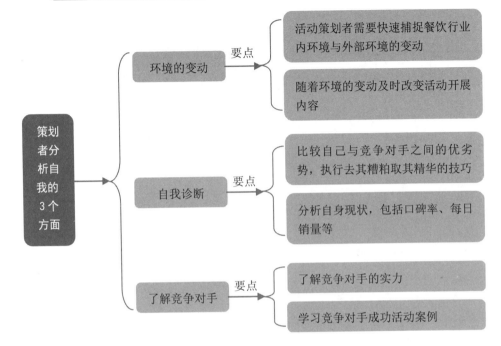

图 9-2 活动策划者分析自我的 3 个方面

专家提醒

活动策划者若想了解竞争对手的实力,可以从以下 3 个方面判断。
- 竞争对手产业的地理位置,若是在繁华地段则说明其资金雄厚。
- 竞争对手的口碑,若口碑好则说明竞争对手维护用户的手段高明。
- 若竞争对手的销售和服务团队都比较优秀,则说明人资力量好。

9.1.3 活动要有策略

餐饮行业活动最忌讳的就是盲目地进行活动策划,若餐饮活动是活动策划者盲目策划出来的,则很容易偏离活动目的、活动宗旨,很有可能被消费者避而远之,更可能成为竞争对手的笑柄。

因此,活动策划者在策划餐饮活动之前,需要根据四大活动策略进行思考,然后再进行策划工作。那么对活动策划者来说,到底是哪 4 大策略呢?具体内容如图 9-3 所示。

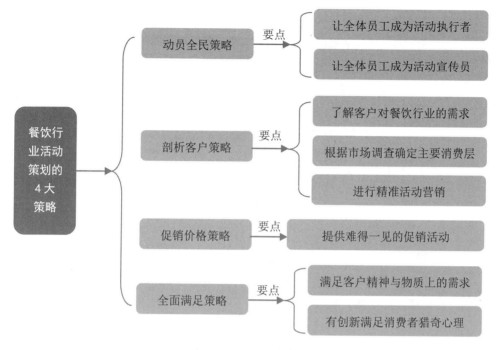

图 9-3 餐饮行业活动策划的 4 大策略

9.1.4　2019 年××火锅品牌儿童节活动策划书

××火锅品牌一直以服务极好为名,也是餐饮界人们口耳相传的热门品牌,就算是如此出名,也需要通过活动来补充消费者对××火锅的新鲜感。下面就来为某火锅品牌模拟一份活动策划书,即《2019 年××火锅品牌儿童节活动策划书》,具体内容如下。

1. 活动背景

需要将举办活动的原因、作用以及活动名称撰写出来。图 9-4 所示为《2019 年××火锅品牌儿童节活动策划书》中的活动背景。

2. 活动目的

通过此次儿童节送福利活动,提高消费者与××火锅品牌之间的交流,用福利、趣味话题与游戏来吸引消费者的注意力,从而提升消费者对××火锅品牌的情怀,推动××火锅品牌的销量。

3. 活动时间

活动时间为 5 月 25 日—6 月 6 日。

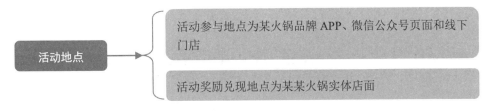

图9-4 活动背景

4. 活动对象

关注××火锅品牌微信公众号并下载该品牌APP的用户。

5. 活动地点

餐饮行业的活动地点一般是自己的实体店内或者是互联网上,活动策划者可以根据活动目的来选择一个较为适合的活动地点。图9-5所示为《2019年××火锅品牌儿童节活动策划书》中的活动地点。

```
活动地点 ──┬── 活动参与地点为某火锅品牌APP、微信公众号页面和线下门店
           └── 活动奖励兑现地点为某某火锅实体店面
```

图9-5 活动地点

6. 活动宣传方式

一般来说,活动的宣传方式越多越好,可是对于餐饮行业来说,活动宣传方式不需要太多,选择一两个最为合适的即可。在《2019年××火锅品牌儿童节活动策划书》中,其活动的宣传方式是利用活动文案的方式进行宣传——把活动文案投放在××火锅品牌微信公众号上。需要注意的是,活动文案需要将活动参与时间、地点、方法、注意事项等方面的内容描述回来。图9-6所示为××火锅品牌微信公众号上的宣传活动的部分文案内容。

7. 活动内容

餐饮行业的活动内容需要言简意赅地表达出来。下面介绍《2019年××火锅品牌儿童节活动策划书》中的活动项目和内容。

图 9-6 ××火锅品牌微信公众号上的宣传活动的部分文案内容

1)"想把你宠上天"项目

(1) 活动参与过程

第一步：在 5 月 25 日—6 月 6 日期间，打开××火锅品牌 APP，单击"社区"按钮进入"社区"页面；找到"××火锅儿童节"活动并单击，进入相应的"活动话题详情"页面。

第二步：选择门店，拍摄一张在线下门店看到的与儿童节惊喜相关的照片。然后单击××火锅品牌 APP 的#儿童节我最大#话题的"活动话题详情"页面下方的"参与活动"按钮，在弹出的窗口中单击"从手机相册选择"按钮，选择图片并上传。

第三步：将上传成功的图片带话题#儿童节我最大#进行分享。

(2) 活动参与事宜

消费者需要选择"最新活动"版块来完成帖子的发布，这样才算成功参加了活动。另外，被选中的内容将在 6 月 6 日前公布。

(3) 兑换奖品

消费者有机会抽取 66 元童真基金，获奖者可在线下门店消费时作为代金券使用——在获奖起 1 个月内下午 13:00—17:30、晚上 23:00—次日 11:30 使用，具体活动形式以线下门店为准。

2)"想带你一起嗨"项目

(1) 五娃福帽

6 月 1 日，儿童节当天，到店用餐的消费者，可获赠一个五娃福帽。同时，消费者还可以根据获赠的福帽背后的小游戏，和好朋友聊聊自己的童年。图 9-7 所示为××火锅品牌准备的五娃福帽小游戏。

图 9-7 ××火锅品牌准备的五娃福帽小游戏

(2) 趣味身份标签

到店用餐的消费者,可以根据自己领取的纸帽获得自己的趣味身份标签,如图 9-7 中的标签就是"小仙女"。同时,消费者可以拍照分享自己的趣味身份标签至 APP 上,还有机会获得好礼。

(3) 活动参与事宜

所有到店用餐的消费者,都可自行挑选、领取一个纸帽,赠完为止。

3) "想和你一起画"项目

(1) 五娃涂色本

6 月 1 日,儿童节当天,在线下门店的游乐园内,消费者可以在门店准备的五娃涂色本上,选择自己的趣味身份标签,涂色描绘自己的童年。图 9-8 所示为五娃涂色本页面。

图 9-8 五娃涂色本页面

(2) 活动参与事宜

港澳台地区门店不参与该活动,其他门店的具体活动形式请以门店情况为准。

4) "想听你聊聊天"项目

(1) 留言

在 5 月 26 日 22:00 前,关注××火锅品牌微信公众号的受众,可以留言写下孩子们的童言童语。

(2) 活动参与事宜

留言获得点赞的前 20 名用户,有机会获得 66 元代金券。

(3) 兑换奖品

获奖者可在获奖起 1 个月内下午 13:00—17:30、晚上 23:00—次日 11:30 使用,具体活动形式以线下门店为准。

5) 适用门店

5 月 25 日—6 月 6 日活动期间,部分门店因为一些特殊情况并不参与前三项活动,如图 9-9 所示。

```
以下门店因装修等特殊情况没有儿童节装饰
北京  马家堡店、天通苑店
上海  控江路店、打浦路店
郑州  天旺店、新玛特店、美景万科广场店
昆山  百盛店、九方城店
兰州  兰州中心店
哈尔滨  凯德广场店
武汉  世界城店
南京  夫子庙店、玉桥商业广场店
苏州  平江万达店
无锡  县前西街店
南昌  盈石广场店
西安  雁塔路店、金花路店、大融城店
杭州  金城店
宁波  亚细亚店
徐州  银座广场
焦作  焦作店
其他门店请以实际情况为准
```

图 9-9 不参与线下活动的门店

8. 活动奖品使用说明

活动策划者需要将活动兑换奖品的注意事项讲清楚,这样才能避免在活动执行过程中与消费者产生口角上的麻烦,也能让活动审批者进一步了解活动执行事项,判断活动是否能执行。图 9-10 所示为《2019 年××火锅品牌儿童节活动策划书》中的活动奖品使用说明。

【案例分析】

××火锅此次举办的活动,可以说是集合了"趣"与"惠",以趣味话题、趣味标签的方式来吸引消费者的注意力,用福利作为奖品。由此可见,在餐饮行业活动中需要有对消费者有益处的内容,且参与活动的方式需要有趣。只有这样才能加大消费者对活动的参与兴致。

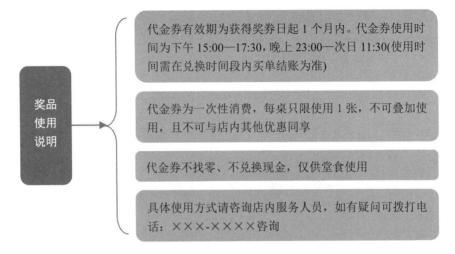

图 9-10 奖品使用说明

专家提醒

值得注意的是，除了上面提到的活动策划书的活动撰写要素之外，活动预算、活动评估、活动工作安排这几个方面的内容也需要在活动策划书中详细讲明。

9.2 美容行业活动策划

美容行业是一种发展较快的行业，截至 2018 年，我国美容机构已逾百万，从业人员达 600 多万。可见人们对美容的需求是多么大。

如今，人们都爱美，对于美容方面的知识都想掌握一些，这也直接推动了美容业的发展。在美容行业还没有发展起来之前，美容行业的价格相对来说较为高昂，对于普通老百姓来说想要进行一次美容是较为吃力的。

慢慢的人们生活水平提高了，渐渐的有人愿意去尝试美容，可是还不普遍，直到美容行业学会用一些促销活动来吸引消费者，将美容费用稍微降低，才有人愿意去尝试，并逐渐被越来越多的人接受。可见活动对美容行业来说意义重大。下面就来了解美容行业活动策划的相关内容。

9.2.1 明确活动目标才是王道

虽说与之前相比，人们对美容行业有了很大的改观，可还是有一部分人会怀疑美容风险，毕竟在现实中还是存在一些美容纠纷的。由此，美容行业的活动举办得是否成功就需要依靠活动目标、活动的开展形式。若一个美容行业活动的目标都不明确，那么这个活动注定是失败的，甚至还会影响美容品牌的形象与口碑。

美容行业的活动目标需要通过制订合适的活动计划才能得以实现，可是活动计划还是需要以活动目标为准则。只有这样才不会偏离活动策划者进行美容行业活动策划工作的初衷。

一般来说，美容行业的活动策划者若想制定一个好的活动目标，就需要从两个方面出发，如图9-11所示。

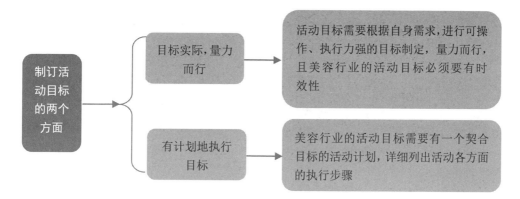

图9-11 制定活动目标的两个方面

专家提醒

一般来说，美容行业的常见活动目标如下。
- 提高美容品牌知名度，获得好的口碑。
- 提高美容门店的销量。

9.2.2 活动形式围绕促销而为

美容行业的活动开展形式其实都是围绕促销而展开的，因为只有那些促销活动才能有明显的双赢效果，即美容行业既能提高自我销量还能提高人气，又能满足消费者"占便宜"的心理。

由此，促销活动才是美容行业所推崇的活动形式。那么一般美容行业是如何开展促销活动的呢？具体介绍如下。

1. 节日促销

美容行业开展促销活动，其中一种最常见的活动形式就是借助节日气氛推出平日消费者难以遇到的促销力度，如图9-12所示。图中所示活动就利用母亲节的节日气氛，提供了多款产品的优惠活动。前者不仅提供了产品的节日活动价，还提供了立减20元和送礼品的福利。另外，消费者还可享受商城首页的20元抵扣券的福利。后者与前者相同的是都提供了节日活动价、送礼品和商城首页的20元抵扣券，不同的是它还提供了买2送1的活动。这样的活动力度非常吸引人，且以母亲节为铺垫，给消费者一个推出活动的理由。

图9-12 美容行业的节日促销活动示例

2．庆典促销

除节日促销外，借助品牌庆典来提升美容企业知名度也是美容行业常用的促销活动形式，如图9-13所示。通过周年庆推出促销活动，既能突出品牌历史悠久，给消费者一种安心的感觉，也提供了一个举办活动的理由。

图9-13 美容行业的庆典促销活动示例

9.2.3 美容行业活动宣传方式

常见的美容行业活动宣传方式就是在美容门店上放一个比较大的宣传海报，或者让员工在人流比较聚集的地方派发宣传单，抑或是由美容店的员工将活动内容告知前往美容的消费者等，这些都是美容行业较为传统的活动宣传方式。

如今是互联网时代，美容行业将活动宣传重点放在了互联网上，不少美容品牌都拥有自己的网站。当有活动时，美容品牌就会在自己的官网上进行宣传。一般来说，愿意主动打开官网的受众都是对美容方面有需求或者想要了解美容的，而这些受众就是美容品牌的精准用户。图9-14所示为××美容品牌官网上的活动宣传海报。

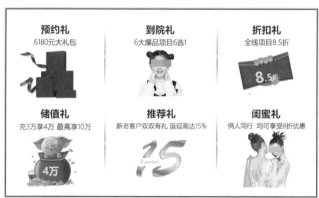

图9-14　××美容品牌官网上的活动宣传海报

除了网站之外，美容行业还会在自己的微信公众号上推送活动信息。例如，××医疗美容院就在自己的微信公众号上推出了"520"活动，且被2586名受众阅读，可见其曝光率还是不错的，如图9-15所示。

图 9-15 美容行业的"520"活动微信公众号宣传

9.2.4 ××美容整形医院 20 周年庆活动策划书

下面就为××美容整形医院 20 周年庆模拟一份美容行业活动策划书,即《××美容整形医院 20 周年庆活动策划书》,具体内容如下。

1．活动背景

2018 年是××美容整形医院创建 20 周年,为了回馈广大用户对××美容整形医院的厚爱,特在 11 月份推出 20 周年庆活动,此时又恰逢"双十一",推出各项优惠活动,以此维护用户与品牌之间的情感,以及提高美容整形医院的知名度、美誉度和销量。

2．活动主题

此次活动的主题为"闪耀 20 年 就要你××"。

3．活动目的

活动目的为提高××美容整形医院的知名度、美誉度和销量。

4．活动时间

活动时间为 11 月 11 日—11 月 13 日。

5．活动地点

活动地点为××市××宾馆、天猫商城。

6．活动内容

美容行业的周年庆活动内容一般都会包括多项促销活动。图 9-16 所示为 20 周年庆活动策划书中的部分活动内容。

图 9-16　20 周年庆活动策划书中的部分活动内容

7．活动宣传方式

一般来说，美容行业的活动宣传需要线上、线下一起进行。下面介绍《××美容整形医院 20 周年庆活动策划书》中的活动的主要宣传方式。

1)　在网站上进行宣传

××美容整形医院在××网站推出了宣传 20 周年品牌庆的宣传文案，如图 9-17 所示。

图 9-17　在网站上进行宣传

2)　在微信公众号上进行宣传

××美容整形医院还在其微信公众号上推出了"双庆盛典"优惠活动信息，如

图 9-18 所示。

图 9-18　在微信公众号上进行宣传

3) 在电商平台上进行宣传

由上文可知，天猫电商平台也是××美容整形医院的主要宣传渠道之一，且在"双十一"期间，相信无论是品牌认知和销量，都会有很大提升。

4) 在线下庆典现场进行宣传

××美容整形医院不仅在线上发力，在线下更是通过策划周年品牌庆典活动来进行宣传，如图 9-19 所示。

图 9-19　在线下策划周年品牌庆典活动进行宣传

除上面 4 种宣传方式外，××美容整形医院还通过发宣传单、在医院内宣传等方式来宣传。

【案例分析】

××美容整形医院此次举办的活动，借助周年庆和"双十一"来推出相关促销活动，不会让人们觉得活动来得很突然，也通过"20周年庆"中的"20"让消费者知道了××美容整形医院已经存在了 20 年，进一步给消费者一种放心的感觉。毕竟一家企业存在的时间长，就说明其公司的服务、产品等各方面都有所保障，并用多项周年庆促销活动来吸引消费者的眼球，且价格较低，抓住了消费者"爱便宜"的心理，勾起消费者想要尝试美容的欲望，从而提高了××美容整形医院的销量。

专家提醒

值得注意的是，美容行业所进行的活动一定要站在盈利的角度进行，虽说是向外提供促销活动，但还是需要一定成本的，只要不会亏损，即可进行。若出现亏损的情况，则需要重新策划活动，不然活动的举办就毫无意义了。

9.3 建材家居行业活动策划

在房地产行业发展速度放缓，销售受到调控的情况下，与之配套的建材家居行业的销售也受到了影响。在此种情况下，厂家和经销商都想通过开展活动带动营销，以期取得好的营销效果。

然而在各种各样的活动推出后，有些并没有取得预期的效果。那么如何策划一项成功的活动就摆在了建材家居厂家和经销商们的面前。下面就来了解建材家居行业活动策划的相关内容。

9.3.1 选择一个好的主题

活动主题是活动策划中要考虑的核心因素之一，只有主题选得好，才能让受众在看到、听到活动时就受到吸引，才会让潜在目标受众关注你。那么，什么样的主题才称得上是一个好的主题呢？活动策划者应该如何选择一个好的主题呢？下面将从三个方面进行具体介绍。

1. 给出一个活动理由

评判一个活动主题是否好，是有一定的标准的，那些符合标准的活动主题才能称为好的活动主题。一般来说，它应该向受众呈现三个方面的内容，即给出一个活动理由、对主题内容进行浓缩和提出一个宣传口号。下面就从给出一个活动理由来进行分析。

对消费者来说，影响其购买的要素中，价格是非常重要的一方面，可见促销活动中的优惠策略是有效的。然而在价格之外还有质量的考量，特别是建材家居产品，它并不是快消品，一般使用时间比较长，就更需要注意在质量方面有保障。

如果建材家居行业的厂家和经销商没有任何缘由就进行促销活动，消费者就会对其产品质量产生质疑——这些是不是质量不好的滞销品，厂家和经销商才想要通过促销活动卖出去？在这样的情况下，绝大多数受众是不会对活动加以关注的。

因此，活动策划者在策划活动主题时，首先应该告诉消费者举办活动的理由——一个让潜在消费者在常规思维下容易相信的理由。一般来说，建材家居行业的活动可从三个角度给出理由，如图9-20所示。

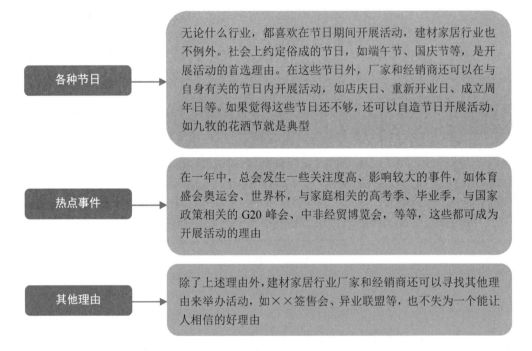

图9-20　建材家居行业的活动可从三个角度给出理由

2. 对主题内容进行浓缩

确定了活动理由后，活动策划者就需要对主题内容进行浓缩，让消费者能快速明白你的活动是什么。在这方面，活动策划者应分两种情况来考虑，具体内容如下。

1) 大众化的主题

对那些知名的建材家居品牌来说，消费者一般有着非常高的关注度。所有想要进入建材家居行业的人和想要购买建材家居产品的消费者，都想去了解和对比一下具体的产品。因此，使用大众化的、能让消费者看得见的主题，如"巨惠""送礼"等，能吸引众多人的关注。

2) 新颖的主题

相对于大众化的主题，一个新颖的主题更容易吸引受众。特别是对那些知名度不高的厂家和经销商来说，只有选择一个新颖的主题，才能为活动策划奠定好的基石。当然，对那些知名的建材家居品牌来说，选择一个好的主题也能产生巨大的促进作用。

综上所述，选择新颖的主题，其适用性更广、影响更大，是众多活动策划者愿意努力的方向。然而，活动策划者应该如何做才能打造一个新颖的主题呢？具体方法如图9-21所示。

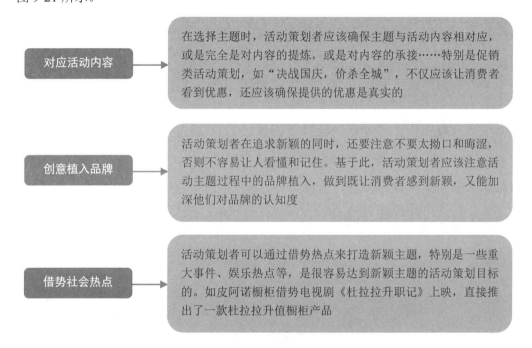

图9-21 活动策划者打造新颖的主题的方法

3．提出一个宣传口号

除了理由和主题外，一个容易传播和便于记忆的宣传口号也是在选择主题时应该准备好的。它是对活动策划主题的补充，能增加受众的记忆点。那么，活动策划者应该如何通过宣传口号来增加受众的记忆点呢？在笔者看来，主要应该在以下两个方面达到要求。

- 易传播。也就是说，宣传口号应该简单一些，让受众容易记住——这是宣传口号的基本要求。只有那些读来朗朗上口且容易记住的宣传口号，才会带来大的影响。

- 有利益点。也就是说,不仅在主题上要体现优惠和利益,在宣传口号上更是如此。活动策划者必须在宣传口号中植入与消费者相关的利益点,才能引起消费者注意,才能带动销售。

9.3.2 如何促进现场签单成功

在策划建材家居行业活动时,活动策划者还应该把如何促进消费者现场签单成功考虑进去。只有这样,才不会让潜在的消费者流失,才能提高销量。一般来说,促进现场签单成功应该注意两个方面,即签单前的氛围与优惠策略制定和签单时的即时签单策略,下面进行具体介绍。

1. 签单前的氛围与优惠策略制定

很多建材家居行业活动,都是集中在线下的卖场进行,面对这样的大型活动,活动气氛是很关键的一个要素。

大家试想一下,在大型活动举办的区域内,如果现场冷冷清清,商家和消费者参与活动的积极性没有被调动起来,那么是很难签单成功的,所达成的活动效果必然也是不理想的。只有营造热闹的活动现场氛围,调动消费者参与的积极性,卖家匆忙而有条理地应对,才会是成功的活动。图 9-22 所示为消费者排长队参与的建材家居行业的某活动现场。

图 9-22 消费者排长队参与的建材家居行业的某活动现场

那么,活动策划者应该如何来营造现场的热闹氛围呢?在笔者看来,除了在现场布置和服务方面多下工夫外,还应该安排各种节目引导消费者参与,常见的有以下几种。

1) 抽奖

抽奖方式能在很大程度上活跃现场气氛,同时还能促进消费者签单。因为参与抽奖的前提是消费者购买产品，且达到了一定条件。例如，当消费数额达到一定数量时才能领取一份奖券——奖券上会写明姓名、手机号和地址，且多买多得。

消费者购买成功后，需要在抽奖节目进行的时间内，把奖券放在活动现场封闭的纸箱内，然后由商家介绍品牌和产品，并解答消费者提出的问题，同时提出问题让消费者抢答，抢答成功并回答正确的，即可获得一份由商家提供的奖品。然后就正式进入抽奖环节——主持人先要说明当前抽奖的奖品，然后按照现场参与的消费者的先后顺序，指定一人上台抽奖，主持人按照被抽中的奖券现场宣布获奖者。获奖者在 1 分钟内回应即可领取奖品。如果获奖者不在现场且没有回应，那么奖券作废，需要重新选取一人开始抽奖。

一般来说，这样的抽奖节目，活动策划者应该注意以下 4 个细节，具体如图 9-23 所示。

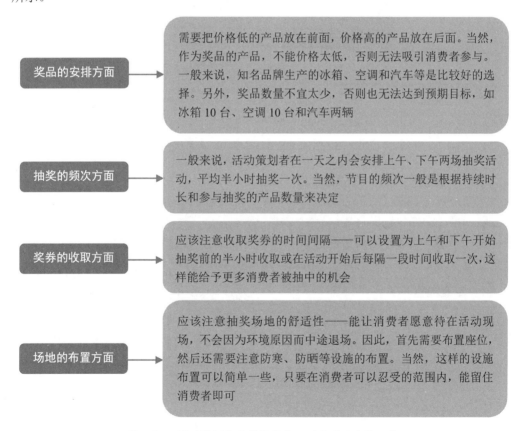

图 9-23　活动策划者安排抽奖节目时应该注意的细节

2） 红包墙

除了线上红包墙外，还有线下红包墙。在建材家居行业活动策划中，线下红包墙节目是比较常见的,且一般金额比较高,少则数十元,多则数百元。图 9-24 所示为建材家居行业活动的红包墙示例。

图 9-24 建材家居行业活动的红包墙示例

其实,线下红包墙的玩法也有很多种,除了线上线下结合的扫码领红包外,还有其他一些纯线下操作的玩法。在此以选数字领红包玩法为例进行介绍。

在红包墙上,会在每个红包的上方标注数字,作为红包的顺序号。一般来说,序号大多会是 100、150、200 等。消费者提供购买凭证后,工作人员会盖章或留存一联作为已参加活动的凭证,以免消费者重复参加,产生活动纠纷。然后消费者排队按照次序领取红包。领取红包的方式是:由消费者选择红包墙上的一个序号,由相关工作人员取下墙上的红包,即可完成领取过程。

在此要强调两点:一是红包数额——可根据活动规模和行业状况来确定;二是消费者参与方式——需要制定合理的规则,以免发生误会。

专家提醒

采用选数字领红包的玩法有一定优势,因为很多人都有自己的幸运数字或觉得吉利的数字,前者如生日,后者如 8、18、88 等。通过这样的玩法,会让消费者充分发挥能动性,选取数字红包——从某一方面来说,是可以增加活动的参与度和趣味性的。

3) 抛骰子

相较于红包墙来说,抛骰子节目的不确定更强,其所蕴含的挑战性和趣味性也更强。活动策划者在策划活动的过程中,应该制定一些规则来对抛骰子的结果进行层级区分——结果不同,所获得的奖励也不同。下面以现金奖励为例,介绍抛骰子的玩法。

(1) 参与方式:每个消费者可凭消费凭证参加抛骰子节目,每个人有三次投掷机会,这样可以给消费者更多的机会,以免消费者因一时失误失去机会。活动策划者也可设置为根据消费金额来决定投掷次数。

(2) 节目道具:活动策划者首先应该确定骰子数量——以消费者手掌能灵活转动的骰子数量为准,一般为1~3颗。

(3) 奖励等级:可根据投掷出的骰子点数来确定奖励等级。以3颗骰子为例,其点数范围为3~18点,其中应该把两种情况独立出来,即3颗骰子全部为6点和三颗骰子点数相同,这两种情况获得现金奖励最高,特别是前者,处于最高奖励。然后把其他会出现点数的情况根据点数的多少划分为多个区间,不同区间设置不同的现金奖励金额。一般来说,点数多的区间,现金奖励更多,但会低于前面两种情况。

其实,无论是抽奖还是红包墙,抑或是抛骰子,是卖家向消费者提供的能获得优惠的机会,它们都是建立在消费者已签单的基础上的。因此,这样的活动不仅能活跃气氛,在促进消费者成功签单方面也有着极大的促进作用。

2. 签单时的即时签单策略

上文介绍了活动策划者如何利用氛围和优惠策略来让消费者现场签单成功,其实,有了这些策略还不够,如果在签单时消费者仍有疑虑,也是会影响签单的。活动策划者要做的就是避免这些情况发生。一般来说,活动策划者应该进行相关的活动培训,试着从以下几个方面打消消费者的疑虑,如图9-25所示。

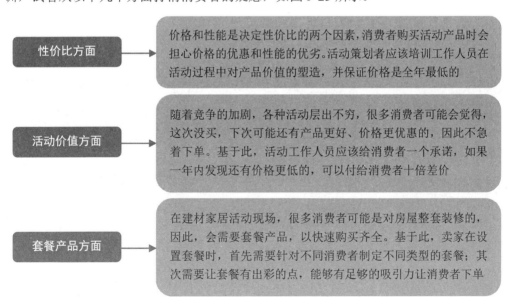

图9-25 建材家居行业活动打消消费者疑虑的三个方面

9.3.3 策划小爆破活动

上文介绍了建材家居行业策划活动的一些要点,然而从现实状况来看,在该领域中,虽然各种活动都很多,但商场客流却比较少,无法达到预期效果。针对这一点,活动策划者要做的是开展一个小爆破活动。那么什么是小爆破活动,它又有着怎样的效果呢?具体内容如图 9-26 所示。

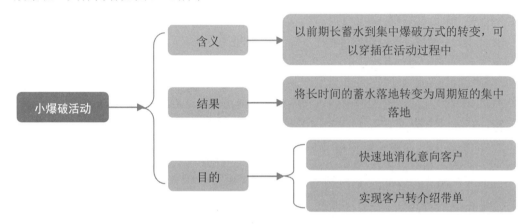

图 9-26　小爆破活动介绍

了解了小爆破活动的含义和效果后,活动策划者就应该把如何开展小爆破活动作为活动策划中的一个重要工作,以便提升建材家居行业的活动效果。图 9-27 所示为开展小爆破活动的几个方面。

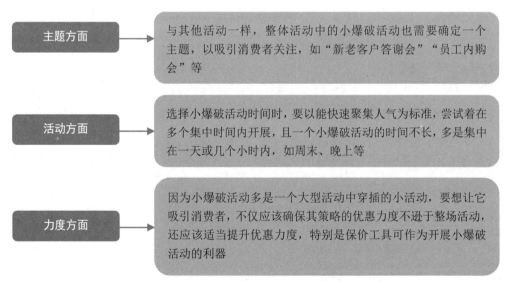

图 9-27　开展小爆破活动的几个方面

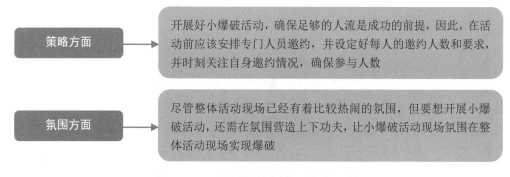

图 9-27　开展小爆破活动的几个方面(续)

9.3.4　××建材家居商城促销活动策划书

下面就来为××建材家居商城，模拟一份活动策划书，即《××建材家居商城促销活动策划书》，具体内容如下。

1．活动背景

××建材家居商城各门店装修升级，且恰逢年中这一销售的黄金时段，为了提升销量和宣传新产品、新品牌，扩大市场影响，特推出年中促销活动。

2．活动主题

活动主题为"年中大促　××感恩巨献"。

3．活动目的

活动目的为提高××建材家居商城的销量和市场影响力。

4．活动时间

活动时间为 6 月 28 日—7 月 21 日。

5．活动地点

活动地点为××市××建材家居商城各门店。

6．活动内容

建材家居行业，一般是以集中的方式来经营和营销的，因此其促销活动内容一般包括众多品牌、门店的多项促销活动。图 9-28 所示为××建材家居商城促销活动策划中的部分活动内容。

7．活动宣传方式

一般来说，建材家居行业的活动宣传方式线上、线下都需要进行。下面介绍××

建材家居商城促销活动的主要宣传方式。

图9-28　××建材家居商城促销活动策划中的部分活动内容

1) 在微信公众号上进行宣传

××建材家居商城在自己的微信公众号上推出了"年中大促"的促销活动信息，如图9-29所示。

图9-29　在微信公众号上进行宣传

2) 在线下门店进行宣传

由图 9-28 可知，线下门店是××建材家居商城的主要宣传渠道之一，各大建材家居品牌门店纷纷大展拳脚，在店内、店外利用图片、文字进行宣传。

8．活动动员

在活动正式举办前，××建材家居商城为了做好活动动员，从而为活动举办成功加油，特召开了年中大促活动启动会。在启动会现场，不仅全面介绍了活动，还引导活动工作人员更热情地投入到活动中，并通过一些有趣的游戏把启动会现场的气氛推向高潮，如图 9-30 所示。

图 9-30　××建材家居商城的年中大促活动启动会现场

【案例分析】

××建材家居商城此次举办的活动，是一场大型的线下活动，在线下，通过活动启动会和大型场地的门店促销方式，在准备阶段进行预热。同时，在活动策划和执行过程中，线上渠道也不可缺少，除了宣传外，它还通过线上文案带领消费者了解不同的品牌和门店。当然，既然是促销活动，在各种知名的建材家居品牌云集的情况下，活动中的优惠和福利也特别吸引人，如现金大奖、免费智能马桶等。这些促销活动能吸引消费者现场签单，从而提高该商城的销量和市场影响力。

第 10 章

实战：微信活动策划与执行

学前提示　微信是一款用户覆盖面十分广泛的手机通信软件，支持多种操作系统，可以通过手机网络发送语音短信、视频、图片和文字，可以单聊及群聊，还有多种其他功能。朋友圈和微信公众号便是其中比较常用的功能。本章将为大家详解微信朋友圈和微信公众号的活动策划的相关内容。

要点展示
- ▶ 微信朋友圈活动策划
- ▶ 微信公众号活动策划

10.1 微信朋友圈活动策划

微信已经与人们的日常生活息息相关，各行各业的人，各个年龄层的人，都在使用微信。而拥有强大社交互动功能的朋友圈，是微信的一个重要功能，人们从中看到了活动策划的巨大前景。

10.1.1 微信朋友圈活动状况

"在这里，你可以了解朋友们的生活"，这是微信官方给微信朋友圈的定义。微信朋友圈为何如此受大众欢迎？其中的原因不仅仅只是微信的普及，还应该有朋友圈本身具有的吸引力极强的功能和特点，举例介绍如图 10-1 所示。

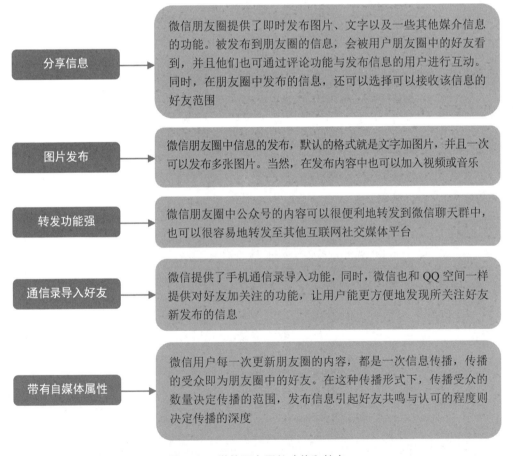

图 10-1 微信朋友圈的功能和特点

在有着如此多的具有强吸引力的功能和特点的情况下，更多的人选择了朋友圈来进行活动策划。总的说来，微信朋友圈的活动类型很多，但并不是每种类型的活动都可以获得微信朋友圈中好友的注意。下面介绍 6 种较受欢迎的微信朋友圈活动。

1. 投票活动

投票活动是普通微信朋友圈里最为常见的活动，活动形式很简单，就是在朋友圈中发布投票地址链接，然后搭配几句恳切的话，引导好友们去投票。

2. 产品分享

产品分享活动的发起者主要是朋友圈中的微商，主要目的是促销盈利，通过向朋友圈中的好友们分享产品、推销产品达到目的。

3. 优惠活动

微信朋友圈中的优惠活动基本上与线上促销活动没有太大区别，都是以突出优惠来促进销售，只是朋友圈优惠活动的文案多会偏重于情感营销。

4. 集赞活动

集赞活动也是微信朋友圈中常见的一种活动类型，但因微信朋友圈中的集赞活动通常都带有很强的营销意味，所以这类活动常常会用利益诱惑来吸引朋友圈中的好友参加。

5. 转发活动

转发活动是微信朋友圈中非常活跃的一种营销活动，活动发起者通过好友们在各自朋友圈中不断地转发扩散来达到营销目的。在朋友圈中开展这种活动时要写明规则和利益，以便让好友们对活动心中有数，如图 10-2 所示。

图 10-2 微信朋友圈的转发活动

6. 扫码活动

微信朋友圈中的扫码活动通常是一些商业推广活动，活动的平台往往不在微信上，而是在朋友圈好友们扫码后进入另外一个平台，微信朋友圈中的扫码活动只起推广宣传作用。

在微信朋友圈活动策划中，文案是必不可少的——它对活动有着重要的影响和作用。微信朋友圈活动中的文案主要有 3 个作用，具体如图 10-3 所示。

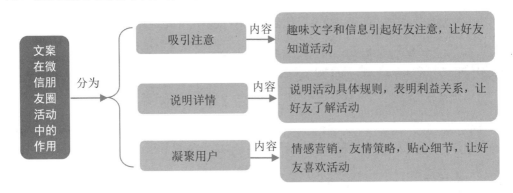

图 10-3　文案在微信朋友圈活动中的作用

10.1.2　微信朋友圈活动须知

活动策划者在策划微信朋友圈活动时，千万不要不经过深思熟虑就将策划好的活动信息发布出去，若活动不够吸引人，很可能降低发布者在微信好友心中的好感度，届时就得不偿失了。下面就来了解一下活动策划者在策划微信朋友圈活动的过程中需要注意的事项。

1. 图文结合

在微信朋友圈发布活动信息时，一定要图文并茂。文字信息在被人接收时还需在脑中经过一道"翻译"程序，而图形信息则是人可以直接认知的信息，所以在活动信息中加入图片能使信息更有视觉冲击力，也比纯文字信息更能吸引朋友圈好友们的注意。

此外，还需注意图片的视觉效果，要对图片进行简单的视觉处理。如果活动信息的配图有多张，最好按照由浅到深的色调排列，让好友们有一个比较舒适的视觉感受。有多张配图时还要注意配图数量，最好搭配数量为 1、3、6、9 张图片，让图片能组合为一个完整的图形。这样不仅视觉观感更好，而且还能避免被有强迫症的好友讨厌，如图 10-4 所示。

图 10-4　组合成完整的图形能给人舒适的视觉观感

2．利用假期

在朋友圈发布活动信息时还需注意时间段，不要在多数好友的正常工作时间发布。否则，不仅信息不能第一时间被多数好友看到，也容易引起好友们的不满。

在微信朋友圈发布活动信息最好的时间就是假期时，这时候往往多数好友都有时间和兴趣参加朋友圈中的交流互动，很容易让大多数好友产生参与活动的意愿，从而使活动借助节假日的噱头收获可观的效益。

3．内容简单

微信朋友圈活动的内容不宜太过复杂，复杂的活动流程会让圈中嫌麻烦的好友望而却步，还容易引发圈中好友的吐槽，这都会影响到活动的参与度，导致活动达不到预期的效果。所以微信朋友圈活动的内容需简单明了，流程要精简易操作，描述要简短易理解，如图 10-5 所示。

图 10-5　简单易操作的活动流程

4．切勿频繁

频繁地在微信朋友圈发布活动信息是微信朋友圈活动策划的大忌。因为这样做不仅会对朋友圈中其他人的正常交流造成极大的不良影响，引起其他好友的反感，还会让活动发布者自身在朋友圈中的"朋友"属性大大降低，对今后在朋友圈中的信息发布产生不利影响。

10.1.3 微信朋友圈活动技巧

上文介绍了微信朋友圈活动状况和活动须知，接下来将为大家介绍微信朋友圈活动策划的4个小技巧，相信一定会对大家有所帮助。

1．朋友圈＝兴趣圈

微信朋友圈中的好友大多都是由于共同的兴趣而聚集到一起的，就像 QQ 群一样，不同的微信朋友圈也会有不同的兴趣主题。

活动策划者要把握好不同分组中的不同兴趣主题，就可以根据活动内容与不同分组的朋友圈兴趣主题的相合度有选择地发布活动信息。这样既有利于最大化地增加活动的参与度，使活动获取最大的效果，又能够使活动发布者获得朋友圈好友的喜爱，利于日后的活动信息发布。

2．提供"福利"

微信朋友圈中的情感营销并不总是管用，一味地向朋友圈好友发布营销活动信息也容易引起好友们的厌烦。所以微信朋友圈活动策划者需经常在发布的活动信息中加入回馈形式的"福利"内容。这样既可以提高活动的参与率，又可以巩固活动发布者在微信朋友圈中的位置，对日后的朋友圈活动策划工作也有帮助，如图 10-6 所示。

图 10-6 微信朋友圈活动中的"福利"内容

3. 采集反馈

微信朋友圈是一个动态的网络社交社群，其中情感纽带的作用比利益纽带的作用要明显。所以朋友圈活动策划者除了发布活动信息外，还需经常与朋友圈中的其他人交流互动，如图 10-7 所示。特别是可以通过直接询问的方式向好友们采集活动的反馈信息，适时改进活动方式。

图 10-7　与朋友圈好友就活动内容进行交流

4. 游戏形式

活动策划者在策划微信朋友圈活动时，除了可以从文案方面入手增加活动的趣味性外，还可以从活动的形式方面入手增加活动的趣味性。比如火爆朋友圈的"2018 汪年全家福"H5 小游戏，如图 10-8 所示。

图 10-8　"2018 汪年全家福" H5 小游戏

活动策划者将这些小游戏融入活动内容之中,不仅能增加活动的趣味性,吸引朋友圈好友参加活动,又能引发好友们在各自的朋友圈中主动传播活动内容,还能在游戏中增进和好友们的感情,可谓一举多得。

10.1.4 MINI 微信朋友圈活动策划

Mini(宝马迷你)是一款主营小型两厢车的汽车品牌。在风格上,它追求个性化。自 1959 年推出以来,在由英国汽车公司(BMC)持有阶段,就获得了巨大的成功,后变更持有者且改名为 MINI。自 2014 年以来,MINI 打造了多支刷爆微信朋友圈的广告,实现了刷屏朋友圈的推广活动效果。

下面将与大家分享 MINI 的成功案例,并为大家分析 MINI 的成功之处,相信一定会对大家有所帮助和启发。

1.成功的基础:MINI 看到了微信平台的优势

在网络普及之前,MINI 公司是依照实体企业的传统经营模式,通过在全国参加商业会展、招聘市场人员的传统方式进行推广。

随着移动互联网的发展,MINI 的推广方式也发生了改变,特别是在微信朋友圈营销兴起后,MINI 经过深入考察和研究后,决定向这个方向发展转型,因为它看到了微信朋友圈营销的两大特点。

- 裂变式传播。只要产品品质好,熟人朋友间会形成良好的口碑,传播更快。
- 轻资产运营。微信朋友圈营销粉丝更加精确,投入成本更低,转化率更高。

2.成功的关键:MINI 抓住了朋友圈营销的关键

不管是微信朋友圈营销或者是微信公众号营销,还是微信电商营销,它们的关键都在于粉丝数量。粉丝是微信营销的对象,缺少粉丝就是缺少受众,缺少受众营销活动也就无法进行。

MINI 抓住这个关键,立刻开展了促销推广活动,为品牌引流粉丝。在其品牌推广活动中,有以下几点值得大家参考借鉴。

1) 多渠道宣传

基于互联网和移动互联网,MINI 通过百度、优酷网、人人网等平台进行推广,快速地聚集了一大批受众,也为活动的策划准备了一大批潜在的参与者。

在笔者看来,虽然是在微信平台上进行的活动,但宣传也不必拘泥于微信渠道,可以多方面宣传,争取活动效益的最大化。

2) 多形式推广

除了渠道多样外,在内容形式上,MINI 充分利用擅长内容营销的优势,通过视频、软文等形式进行宣传,让品牌得到了更广泛的推广。

例如，大家熟悉的由 GQ 实验室打造的题为《那一夜，他伤害了他》的文案，获得了 200W+ 的阅读量，如图 10-9 所示。

图 10-9 《那一夜，他伤害了他》文案的部分内容

图 10-9 所示文案充分发挥了文案在朋友圈活动中的作用，具体表现如下。

- 通过趣味内容引起受众注意：看到标题，受众就会产生联想和形成一个场景，就会想要去一探究竟，这就奠定了高阅读量的基础。而且，文案是通过把 MINI 汽车的卖点和老友对话的看点相结合的方式来进行说明的，双方对话的形式更容易引导读者理解文案和品牌，如图 10-10 所示。另外，最后的酒保吐槽的反转情节，也是增加文案趣味性的一大卖点，如图 10-11 所示。

图 10-10 引导读者理解文案和品牌

图 10-11　酒保吐槽的反转情节增加了文案的趣味性

- 通过长图文形式说明品牌详情：该篇文案采用的是长图文形式，除开篇的用来表明环境的图片和文字说明外，从两人见面打招呼开始到酒保吐槽结束，文案包括了 70 多张对话和表现场景、人物心理的用框线隔开的图片。一张张看下来，能真实地感受到两人的对话场景，还能引导受众代入场景中，坚持看完全文，直至最后的宣传 MINI 汽车品牌部分，实现了说明 MINI 汽车品牌详情和品牌推广的目标。

又如，MINI 利用《进藏》《达喀尔》《忍者》《开溜》等一系列视频内容，积极利用影响受众的情感，同时也在受众心中树立起了"它是一个有趣的、有调性的品牌"的形象。

3）品牌调性

总的说来，MINI 是非常重视情感营销的，然而在重视情感营销的同时，它又着重树立品牌形象和打造品牌调性。上文在介绍 MINI 利用视频进行推广时就提及了 MINI 的形象——有趣的、有调性的品牌。那么，MINI 究竟是怎样利用形象和调性来打造品牌的呢？

在 MINI 的推广内容中，其形象和调性可分为以下两个阶段。

前期(2015 年以前)：给人的感觉是个性、独特、野小子——展示的是带有文艺青年特质的形象。如 MINI SMART 宣传片中针对对手杀马特少年奔驰品牌所展示出来的就是调皮任性的小孩形象，如图 10-12 所示。

后期(2015 年以后)：转变为新绅士形象。特别是 MINI 联合《时尚先生 Esquire》杂志所做的宣传 MINI CLUBMAN 的视频内容，就基于其"改变自己"的目的，成功实现了气质上的转型。

4) 特惠政策

MINI 公司还在推广活动中加入了免费试驾的内容，同时还特意从试驾的有趣角度出发，如图 10-13 所示。这样的内容吸引了响应活动的受众参与其中，且活动参与度高。

图 10-12　宣传片中展示出的调皮任性的小孩形象

图 10-13　提供有趣的免费试驾

朋友圈推广活动的特惠内容虽然会让你让出一部分活动利润，但让你收获的不仅仅是好友们的口碑，更是企业长远的利益。

3．成功的助力：MINI 注重处理朋友圈营销的细节问题

俗话说："细节决定成败。"MINI 能取得如此巨大的成果，与其对朋友圈营销活动的细节处理有很大的关系。下面就对 MINI 朋友圈活动的细节做具体分析。

1) 视频展示

由于在网络上不能直接传递实物信息，很难让朋友圈用户直接看到活动产品的优势，所以 MINI 便制作了活动推广产品的视频内容。

通过将视频放到朋友圈中展示，MINI 成功地解决了以下 3 个问题。

- 客户对产品的认可问题：客户在观看过视频后能直观地感觉到产品性能特点的真实性。
- 软性宣传：视频内容能突出产品较之同类产品的优越性能，能够激发目标客户的购买欲望。
- 企业的宣传工具：视频内容可以作为 MINI 在微信上的宣传工具，将视频传播至各朋友圈，可以大大提高转化率。

2) 培养用户

MINI 定期在微信朋友圈中进行推广，并注重朋友圈中的用户培养工作，这样的

做法让 MINI 收获了一部分对相关产品感兴趣的粉丝。

3) 直击痛点

MINI 的微信朋友圈客服团队和代理商们深入到朋友圈受众之中，开展调研，深挖客户需求。所以 MINI 品牌的产品宣传言简意赅，直击客户痛点。例如，MINI 在推广首款 SUV Country Man 时的广告语"别说你爬过的山，只有早高峰"，就是如此，如图 10-14 所示。

图 10-14　MINI 推广首款 SUV Country Man 的广告语

10.2　微信公众号活动策划

随着微信版本的不断更新、功能的不断增加，微信上的活动平台和类型也开始丰富起来。微信公众号平台便是孕育活动的又一片热土。上一节详解了微信朋友圈活动的策划实例，本节将为大家详解微信的另一大功能——公众号的活动策划。

10.2.1　微信公众号活动状况

随着人们在日常生活中对微信公众号的频繁使用，微信公众号作为一个互联网社交媒体平台，其工具属性也渐渐得到越来越多地开发。拥有如此大覆盖范围和如此高使用频率的微信公众号，无疑是一块孕育活动的"热土"。在这片"热土"上，的确也产生了多种活动。下面就来看看微信公众号活动的现状。

1. 微信公众号活动有哪些

微信公众号的活动类型与微信朋友圈的活动类型基本相同，常见的活动类型有投票活动、产品分享、优惠活动、集赞活动、转发活动和扫码活动等。下面就来介绍一种微信公众号上比较特别的活动——会员活动。

微信公众号中的会员活动是一种盈利性质的活动，它的特别之处就在于它与微信公众号中的其他活动在盈利方式上的区别。微信公众号活动中的优惠活动或扫码活动都会提供一些利益诱惑来促使活动受众宣传活动或者进行消费，然后主办方以此盈利。但微信公众号中的会员活动，它既不提供直接的利益诱惑，也不要求活动受众宣传活动，而是要求活动受众提前支付经济成本，使活动盈利，然后再向活动受众开放公众号中的一部分会员内容。

这种活动一般只有具有一定影响力和稳定的粉丝数量的公众号才会进行，常见于明星或网络红人的个人公众号或自媒体公众号。

2．微信公众号活动中文案的作用

在发布微信公众号活动信息时，发布者要重视文案的作用，做好文案工作可对活动的顺利进行起到积极助推作用。微信公众号活动中的文案主要有以下3个作用。

1) 吸引参加

一般来说，受众往往都会关注多个公众号，信息推送界面的推送信息也会很繁杂。所以活动推送信息一定要具有吸引力，才能在众多的推送信息中被受众第一眼发现，进而去阅读活动的详情信息。

要让推送的活动信息看上去充满吸引力，就要对文案进行加工，特别是标题、封面和摘要等一眼就能看到的内容。图10-15所示的标题或封面，就能吸引受众的注意力。

图10-15 充满吸引力的推送信息

2) 浓缩标题

标题文字是受众在查看推送信息时首先接收到的信息，所以标题的作用至关重要。标题一定要足够吸引人。这个吸引力可以表现在标题本身的新颖，也可以表现在信息内容的精彩。

对于微信公众号活动的推送信息来说，此处的内容就是活动的内容。而推送信息的标题只需将活动内容中最吸引人的部分浓缩后展现出来即可。如图10-16所示。

图 10-16　浓缩内容后推送的信息标题

3）介绍详情

这几乎是文案在所有活动中都能发挥的作用。在微信公众号活动中，介绍活动详情的文案不必太简短，但语言一定要简练。因为文案信息是微信推送信息的主要形式，所以受众对于有一定阅读量的活动介绍信息也不会太反感。但对于那种纯说明性质的文章，受众可能很难再阅读第二次了。

因此，文案在介绍时一定要将活动的参与条件、具体内容、起止时间、注意事项等内容有条理地呈现出来。

10.2.2　策划微信公众号活动须知

活动策划者在策划微信公众号活动时，需要与之前策划的微信公众号活动有所区别，千万不要都是同样的形式，否则很容易让受众降低新鲜感与参与感。因此，活动策划者需要推送不同类型的活动内容或者用不同的方式将活动内容展示出来。下面就带大家来了解微信公众号活动的展现方式。

1. 宣传短片

微信公众号具备发布视频信息的功能，活动策划者可以充分利用这一功能来增加活动的新鲜度。视频的内容可以是活动场地的预览，也可以是活动环节的演示，还可以是活动主题的宣传。

2. 图文结合

图文并茂一直是活动展现形式的基本要求。无论是线上活动还是线下活动，精彩的文案与美丽的图片二者相得益彰，微信公众号活动也是如此。图文的结合能使整个活动宣传文案给受众一种舒适感，让阅读活动宣传文案的受众更愿意加入活动。

此外，微信公众号活动宣传文案中的图片也不仅仅只有视觉美化这一作用，还时常作为文字信息的补充说明或者活动内容的展示。

图 10-17 所示是某景区在微信公众号上赏荷活动的宣传文章，文章配以景区春日风光的图片，让人不禁想象处在美景中的种种美好感受，或独自漫步，感悟自然；或与友人边走边聊，谈天说地；或与家人共赏荷花，享受天伦之乐。

图 10-17　某景区微信公众号中的配图文章

3. 借势热点

微信公众号平台功能强大，活动策划者在平台上发布活动信息非常便利，而受众可以直接在上面报名参与活动。如此便利的活动发布与参与功能将会给微信公众平台上的活动带来巨大的影响，相关分析如图 10-18 所示。

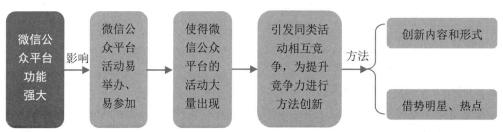

图 10-18　微信公众平台功能强大对活动的影响

由图 10-18 可知，微信公众号活动要提升竞争力可以从创新和借势两方面努力。但由于创新活动形式和内容需花费大量的时间和精力去探索，且不一定会取得成功，所以大部分微信公众号活动还是采取借势明星或热点的方式来提升竞争力，如图 10-19 所示。

图 10-19　百雀羚借势"520"的宣传广告

10.2.3　微信公众号活动的策划技巧

对于企业微信公众号来说，一直都需要以"内容为王"的态度，为关注企业微信公众号的受众带来有价值、感兴趣的内容。因此，微信公众号活动能让受众感兴趣才行。

那么如何才能让微信公众号活动对受众具有吸引力呢？下面就为大家介绍 3 个小技巧。

1．有亮点

有亮点，就是在策划微信公众号活动时在活动内容中加入独特的内容。这些内容是在其他微信公众号活动中很少见到的，甚至是其他微信公众号活动中根本没有的。

有亮点的活动给目标受众的第一印象就是"这个活动比其他活动更值得参与"，并且能持续吸引对亮点内容产生兴趣的受众。

为活动营造亮点也并非难事，亮点可以是很多东西。亮点的选择需根据微信公众号活动的目标受众群体来进行。例如，目标群体是年龄层较低的女性，就可以选择将某位当红男性作为亮点。

又如，目标群体是关注新技术的科技发烧友，就可以选择将某项新技术作为亮点，如图 10-20 所示。再如，目标群体是需要某种精神上的满足感和优越感的群体，就可以选择将产品的概念作为亮点，如图 10-21 所示。

图 10-20　以"智慧"为亮点的微信公众号活动　　图 10-21　以某种概念为亮点的微信公众号活动

2．有意义

所谓"有意义"，就是在微信公众号活动中加入某些内在含义、某种价值或是某个目标，让该活动看上去比其他微信公众号活动更有价值，以此来吸引受众响应活动、参与活动、宣传活动。

微信公众号活动的意义是被赋予的，否则活动本来也只有盈利和宣传两个终极目标而已。要赋予微信公众号活动的意义可以是多种多样的，但一定不要与主流的价值观念相悖。因为赋予的这个意义的目的是迎合受众，使活动得到目标受众的认可，并且被大多数普通受众肯定，以此吸引他们参加。

若活动意义选择错误，不仅得不到目标受众的认可，还会使他们和大多数受众一样厌恶，严重的还会使活动无法进行——因为活动意义的选择不当而使活动受阻。对微信公众号活动策划者来说，应当极力避免这种情况。

通常，赋予微信公众号活动的意义有 3 个，即公益爱心、健康运动和品牌文化。这 3 个意义所指向的目标受众、所起到的作用和所运用的策略都各有不同。正是这些不同之处让活动有了更深的附加价值和更加丰富的形式。

下面就为大家具体分析微信公众号活动的意义，如图 10-22 所示。

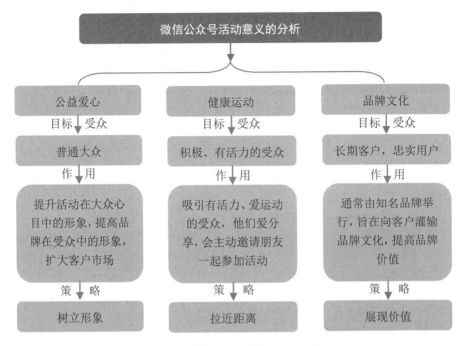

图 10-22 微信公众号活动意义的分析

3. 有福利

微信公众号活动中的"福利",指的是活动中可以提供给参与受众的利益,通常出现在各类微信公众号转发活动和抽奖活动中,如图 10-23 所示。

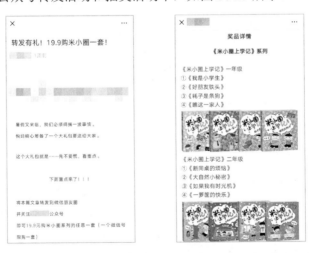

图 10-23 微信公众号的转发活动

微信公众号中的福利内容可以显著地提高活动的参与度。对于某些对参与度有较高要求的活动，如微信公众号问卷调查活动，也可以在活动中添加相关的奖励内容。微信公众号中的福利内容吸引受众参加活动的作用十分明显，它可以让活动在短期内快速实现宣传目标，是微信公众号营销活动最常使用的一种技巧。

10.2.4 微信公众号征稿大赛活动策划

微信公众号活动策划是一件很重要的事，更是吸引粉丝的重要途径。如果企业经常推送同类或相似的消息，很容易让用户产生审美疲劳。因此，为了让用户保持长久的活跃度，企业应该将日常消息和一系列有趣的活动信息交替推送。这样既能维持用户的新鲜感，又能增加平台的趣味性。

下面以微信公众号"手机摄影构图大全"为例，介绍一下它的微信公众号活动。

1．创建报名及投票活动入口

活动策划者将微信公众平台与自橙一派平台绑定之后，确定所有资料都填写完整之后，即可在自橙一派的后台单击"功能管理"按钮，如图10-24所示。

图 10-24　单击"功能管理"按钮

执行此操作后，即可进入"互动营销"页面，在该页面单击"微互动"按钮下的"图文投票"按钮，然后在出现的"图文投票"页面单击"添加图片投票"按钮，即可创建图书征稿报名投票活动平台，如图10-25所示。

2．介绍活动与参与流程

创建好活动的报名和投票入口后，就要在"活动设置"页面设置活动简介与参与流程，如图10-26所示。

活动策划者只要在该页面的"活动简介""如何参与""流程介绍"等文本框中输入图书征图征稿活动的相关内容即可，如图10-27所示。

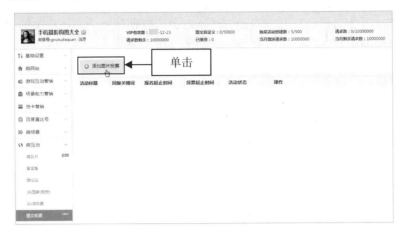

图 10-25　单击"添加图片投票"按钮

图 10-26　"活动设置"页面

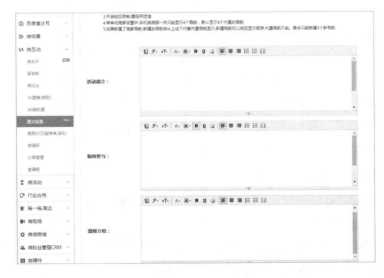

图 10-27　输入活动相关信息的页面

3. 内部测试模拟发布

为确保万无一失,活动策划者还需要先进行一下活动模拟。在发布此次活动开始之前,预先让自己团队内部成员以参赛者的身份报名参加此次活动。模拟活动发布,组织内部人员测试这一环节,可以达到以下目的。

- 测试参赛者是否能够正常报名。
- 测试用户是否能够正常投票。
- 测试投票系统的稳定性。

4. 筛选投票的作品

当投票活动结束之后,线上比赛也就进入了后半阶段。这个时候,活动策划者就需要根据参赛者作品获得的投票数,评选出最佳的参赛作品。

活动策划者可以在自橙一派平台的后台,查看每个参赛者获得的票数信息,然后根据设置的获奖人数,按所得的票数,选出获胜者。

5. 制作作品录用授权协议书

因为活动策划者开展本次征稿大赛的目的是为《中老年人学手机、相机摄影从入门到精通》一书征稿,如图 10-28 所示。

图 10-28　《中老年人学手机、相机摄影从入门到精通》

需要让获胜的照片作品可以出版在图书里,那么活动策划者就需要在得到参赛者作品的授权之后,才能够使用图 10-29 所示为活动策划者制作的此次活动的录用作品的《照片授权书》。

制作好作品录用协议书后,活动策划者给胜出的参赛者发送活动结果信息即可。

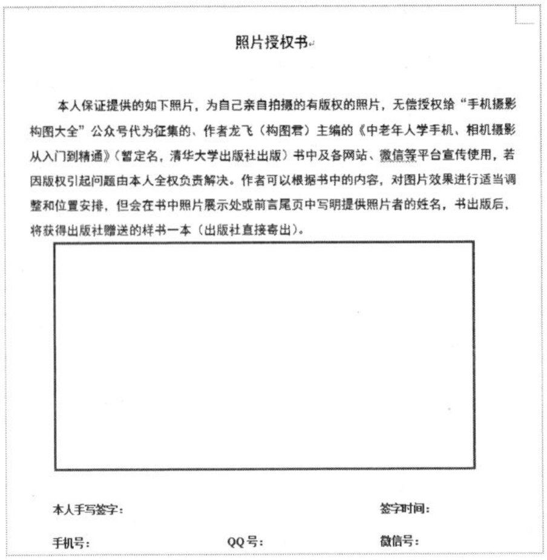

照片授权书

本人保证提供的如下照片，为自己亲自拍摄的有版权的照片，无偿授权给“手机摄影构图大全”公众号代为征集的、作者龙飞（构图君）主编的《中老年人学手机、相机摄影从入门到精通》（暂定名，清华大学出版社出版）书中及各网站、微信等平台宣传使用，若因版权引起问题由本人全权负责解决。作者可以根据书中的内容，对图片效果进行适当调整和位置安排，但会在书中照片展示处或前言尾页中写明提供照片者的姓名，书出版后，将获得出版社赠送的样书一本（出版社直接寄出）。

本人手写签字：　　　　签字时间：

手机号：　　　　QQ 号：　　　　微信号：

图 10-29　录用作品的《照片授权书》

第 11 章

实战：新媒体活动策划与执行

学前提示　　互联网的快速发展给人们的生活带来了很多"新东西"：消费方面有新购物，出行方面有新交通，人际方面有新社交，资讯方面有新媒体。

　　本章将为大家详解新媒体活动策划的相关内容。

要点展示
- ▶ 新媒体活动策划
- ▶ 多平台活动策划

11.1 新媒体活动策划

互联网的快速发展给人们的生活带来了很多"新东西"：消费方面有新购物，出行方面有新交通，人际方面有新社交，资讯方面有新媒体。本节将为大家详解新媒体中的活动策划。

11.1.1 新媒体活动状况

新媒体指的并不是某一种媒体，广义的新媒体包括所有数字信息化的媒体形式，如传统媒体、网络媒体、移动端媒体、数字电视、数字报纸杂志等。但也不能说新媒体就是多种媒体或者多种媒体的集合体，准确地说新媒体是一种环境，一种互联网下万物皆媒的环境。

在这种信息可以快速、大量、广泛传播的环境下自然产生了很多活动。下面将从3个方面带领大家认识新媒体活动的现状。

1．什么是新媒体活动

新媒体活动，顾名思义，就是在新媒体平台上进行的活动。而新媒体的"新"是一个相对的概念，指的是继报刊、广播、电视等传统媒体之后发展起来的新的媒体形态，主要包括3种，即网络媒体、手机媒体和数字电视。

与传统媒体相比，新媒体信息传播更快、更及时，传播的深度和广度也是传统媒体无法企及的，其优势非常明显。许多传统媒体也逐渐向新媒体的方向转型发展。

近年来，新媒体的影响力越来越大，许多政府部门都开设了专门的政务网站，在微博、微信等大型社交媒体平台也进行了注册认证，某些政府机构还在网站上展开了网络问政活动。

民间企业在新媒体平台上进行的活动更加火热，甚至出现了一些专门辅助新媒体活动策划的功能性服务平台。由此可见，新媒体活动的前景一片光明。

2．新媒体活动有哪些

新媒体活动涵盖了所有可以通过网络途径举办的活动类型，基本上绝大多数活动的策划和举行都可以在新媒体平台上实现。一些简单的活动策划，甚至可以在新媒体平台提供的活动策划辅助功能的帮助下，经过简单设置就可以直接发布。

由于新媒体活动蕴含着无限的可能，无法一一列举，因此我们将以现在最有影响力的新媒体平台之一的新浪微博为例，带领大家一探新媒体活动的常见类型。常见的微博活动类型大致有8种，下面进行具体介绍。

1) 问答互动型

这是在微博平台早期最常使用的一种活动形式，通常是活动发起者准备好发起问题和备选答案，然后通过微博发布问题，参与的微博用户在评论里选择答案并转发，活动目的通常是品牌知识和价值的传播。

但由于这种活动的发起品牌往往太过于注重品牌知识和价值的宣传普及，使活动趣味性和吸引力有所减弱，所以这种活动逐渐和抽奖相结合，成为纯粹的宣传性活动。

2) 话题讨论型

发起话题并配合一些利益诱惑，激发微博用户的参与和分享。形式简单、可参与性强，丰富开放是话题型活动的主要特点。凭借这些特点，话题型活动已成为现今微博上最常见的活动类型，同时也是品牌推广最惯用的活动类型。

品牌微博就经常发起话题活动，并将品牌理念、品牌文化等营销元素添加到话题讨论之中。通常参与话题讨论型活动的方式有三种，即转发+评论、评论、发布话题。

3) 趣味游戏型

以游戏作为和参与受众互动的形式，以娱乐精神作为活动的主题指导，通常利用网络流行热点和微博更新的应用功能来发挥创意，可以通过文字、图片承载游戏的互动形式，如常见的造句盖楼、找茬、鲁迅体、洪荒体等形式，都融入了很不错的游戏元素。

游戏型活动是比较受微博用户欢迎的活动形式，通过简单的参与获得娱乐的乐趣这一点很能吸引微博用户参加。

此外，高交互性的特点使趣味游戏型活动也非常容易引起微博用户自主性的传播而对流行热点的运用更能使趣味游戏型活动在互联网上产生病毒式的传播。随着新浪微博中关系属性的加强，娱乐化应用功能的兴起，趣味游戏型活动的形式必然会越来越丰富。

4) 表决型

这种形式的活动通过新浪微博消息发送栏的功能就可以开展，这种方式颇受用户欢迎，通常以投票的形式出现。

微博投票活动的参与门槛非常低，观点鲜明、易于传播是其显著的特点。微博投票功能一经上线便得到了广大微博用户和商家的青睐。促销推广、概念沟通、网民调查等活动都是微博投票活动大展身手的领域。

5) 惊奇型

在活动环节上设置一些充满惊喜的元素，增强活动的趣味性，让活动参与者们有所期待或获得惊喜，增加对活动的好感度。

例如，李宁品牌的新浪微博有奖互动活动"玩的就是出乎意料"。在活动中，李宁充分利用拉帽衫的特点，将奖品隐藏在由系统送出的三个帽衫样式的抽奖券之中，而要获得奖券，就需关注李宁官博并扩散活动信息。帽衫奖券的外观样式中拉链一直拉到帽子的顶端，只有拉开拉链、打开帽衫才能查看获奖情况。相比大多数同类型抽奖活动的开奖环节，这个别出心裁的帽衫开奖环节不仅给人一种特别的惊喜，而且帽衫形式的奖券构成的开奖环节也与活动主题相合。

6) 悬念猜测型

发起悬念猜测型活动，吸引人们的关注，然后有秩序、有节奏地推进活动进程。目前常见的有两种方式：一种方式是发起悬念话题，然后配合奖励机制吸引微博用户参加；另一种则是以活动代言人的身份作为悬念来吸引眼球，后续配有充满悬念的活动内容，持续引发关注者的好奇心，使活动在微博上甚至是整个互联网上形成病毒式传播。

7) 需求型

需求型也被称为悬赏型，以企业需求为形式依据发起活动，吸引微博用户关注活动、讨论活动、参与活动。企业发布一系列的活动目标并与目标受众进行互动，在互动中借助微博用户群体的力量来达到目的。

8) 推动型

在这种活动中部分活动内容和活动的奖励环节都由活动参与者决定或选择，参与者推动活动进行。这类活动能充分激发参与受众的自主意识和积极性。其中最常见的就是微博上的众筹活动了，参与者通过选择不同的众筹项目便可以选择不同的回馈礼品，并且还可以对活动发表建议和评价。

3. 新媒体活动中文案的作用

对于新媒体活动而言，文案的作用相对来说就没有其他活动中那么重要和明显，因为新媒体平台综合了多种信息传播形式，可以综合运用文字、语音、图片、视频等多种不同的承载媒介去表现信息，而单纯的文字的直观表现力是最差的。

例如，现在新媒体平台中较为火热的新浪微博，其热门榜上的微博中几乎没有一条是以完全的文字为内容的。但文字作为人类使用时间最长的信息载体之一，还是有着不可替代的优势的，所以在新媒体活动中，文案仍然发挥着重要作用。下面就为大家具体分析其作用。

1) 表现主题

任何活动都有一定的目的，为了达到这个目的，活动策划团队需要一个东西来指导他们与活动参与各方协同完成活动，这个东西既可以是活动的目的，也可以是活动内容的中心，人们通常称这个东西为活动的主题。

对于活动主题的准确表达是文案在新媒体活动中的一项重要作用，虽然新媒体活动可用的信息表现载体非常多，但图片、视频、语音等载体可传达的信息过于丰富，不同的人根据自己不同的人生经验对同一张图片、同一个视频或同一段语音都可能产生不同的理解。

然而活动的主题是要求能被精准地传达给活动工作人员和活动受众的，这时文案的作用便体现出来了，因为没有一种信息传播载体可以像文字信息一样快速直接地表现某种固定含义的信息。

2）补充介绍

新媒体活动善于表现信息，这是它相较于其他活动的一个优势，但过多的信息并不是只带来了好处，也为新媒体活动带来了一些问题，具体如下。

- 信息量过大，部分受众无法完全理解。
- 多种信息载体结合不够自然。

这两个问题会对活动造成一个共同的不利影响，就是使活动信息与受众脱节。一般活动策划者要解决这个不利影响都会用到文案的帮助，通过文案内容对受众难以理解的或是表现力不够的内容做一个补充说明，可以让活动进行得更加顺利。

但在补充说明活动具体内容时也要注意文案的视角表现，切勿干巴巴地排列文字，可以运用图文结合、文字的艺术化处理等方法来增加文案的视觉表现力。

3）深度传播

新媒体活动中有趣的图片和视频信息，的确很容易在互联网中形成病毒式的传播，因为互联网上的信息传播非常容易。但如果是在信息传播不那么容易的情况下，比如人们在和朋友闲聊交流时，要提到某个活动的图片或是某个活动的视频时，是很难具体直观地将图片或视频的全部信息都准确地用简单的语言描述出来的。这种情况会影响活动信息的深入传播，但有了文案就不一样了。

促进活动信息的深入传播是文案在新媒体活动中的又一大作用，文案能将新媒体活动的主题、亮点等关键信息浓缩为简短明确的文字内容，这将使活动信息在互联网中的传播变得更加便利，因为文字输入是现在所有网络终端设备都具备的基本功能，这样即使互联网用户没有刻意去保存新媒体活动的宣传图片和宣传视频，也能够通过对新媒体活动的宣传文案进行叙述来传播活动信息。

11.1.2 策划新媒体活动须知

新媒体活动的策划虽然可以利用互联网提供的辅助功能来帮助进行，但这并不意味着活动策划者可以就此高枕无忧了，活动策划的主体终究还是人，以现在的技术，互联网能提供的只是一些基本的辅助功能。

因此活动策划者切勿为了贪图互联网的便利，一味地在活动的基本形式上做文章，而不在活动的核心创意上下功夫。特别是在新媒体活动策划中，没有创意内容，空有形式的活动非常容易被新媒体平台上不断刷新的海量活动淹没。

活动策划者在策划新媒体活动时还需注意以下 3 个方面，在这 3 个方面上互联网通常难以发挥关键作用，所以需要活动策划者严格把关，慎重抉择。

1. 选好平台

活动在什么样的新媒体平台上进行？这是需要活动策划者慎重思考的一个问题，活动平台的选择是新媒体活动策划的第一步，也是最重要的一步。活动平台直接影响着新媒体活动的形式类型、接收受众和表现效果。

新媒体平台众多，有的平台大，有的平台小，有的平台受众活跃，有的平台数据虚假，在不同的平台上开展活动，收获的效果也是不同的。活动策划者在选择新媒体活动的平台时，要选择那些受众多且活跃，体验良好且功能齐全的平台。在我国互联网中，比较符合上述条件的有以下几类平台。

- 门户网站：腾讯网、搜狐网、新浪网、网易网等。
- 社交媒体：QQ、微博、微信、贴吧等。
- 直播平台：斗鱼 TV、熊猫 TV、虎牙 TV、全民 TV 等。

新媒体平台往往都会有相似的功能和服务，比如各大门户网站和社交媒体平台都会推送社会热点或者国际重大新闻。但不同类型的新媒体平台又表现出各自不同的特色，如图 11-1 所示。

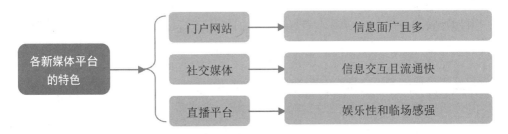

图 11-1　不同类型新媒体平台的特点

活动策划者在进行新媒体活动策划时，一定要充分利用新媒体平台各自不同的特色，为新媒体活动策划的成功打好基础。下面我们将分别讲解上述三种不同新媒体平台对新媒体活动的影响。

1) 门户网站

门户网站的具体含义是指一种提供互联网信息资源的综合性服务应用系统，是在互联网技术发展早期形成的一种新媒体平台，定位类似于传统媒体，主要以单向传播信息为主，但借助互联网的力量，其传播功能更强大。

一般来说，比较大型的门户网站的主页，都是集文字、图片、视频等信息传播功能于一体的，还会提供信息检索功能。

在国际社会，最为著名的门户网站是谷歌和雅虎，而在我国，较为著名的有新浪、网易、搜狐和腾讯 4 家网站。门户网站的优势就在于其可以传达的信息量十分大，并且具有十分完善成熟的信息检索系统，所以经常被互联网用户使用。

新媒体平台中的门户网站很适用于策划多环节和多内容的综合性活动，这样可以充分发挥其传播和承载信息量大的特点。

例如，网上的招聘活动，其活动的信息量就非常大，通常包含参会的众多招聘企业的详细资料，并且各招聘企业对自身的介绍信息也有各自不同的处理方法，所以此次活动对信息的多样表现也是有要求的，而门户网站很好地满足了这些条件。图 11-2 所示为某门户网站上的某次招聘活动。

图 11-2　某门户网站上的招聘活动

2）　社交媒体

新媒体平台中的社交媒体是注重于互联网用户关系的内容生产与交换的平台，通过它，互联网用户彼此之间可以相互分享意见、见解、经验和观点。

现阶段的社交媒体主要包括社交网站、微博、微信、博客、论坛等。社交媒体在互联网上蓬勃发展，多数互联网用户通过其传播的信息了解了互联网上的热点。而且传统媒体向新媒体方向转型通常也会借助于互联网社交媒体平台。

社交媒体平台相对于其他新媒体平台，最大的特点就是发布在其上的信息交互频繁，传播迅速。社交媒体平台的这个特点，主要得益于其便捷的信息评论和转发功能，如图11-3所示。

图 11-3 社交媒体平台的转发评论功能

根据社交媒体平台的这个特点，活动策划者可以考虑将具有一定互动性并且有较强宣传目的的新媒体活动放到社交媒体平台上进行。例如，一个在微博上开展的转发有奖活动，借助微博这一社交媒体平台信息交互频繁和传播快速的特点，在没有经过任何前期宣传的情况下，也获得了较多的转发量。

3) 直播平台

直播虽是一种新兴起的新媒体平台，但其已经充分展现了作为新媒体平台的潜质。直播平台相较于上述的两个媒体平台，有两个突出的特点，具体如图11-4所示。

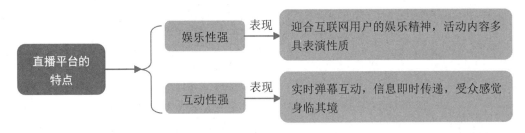

图 11-4 直播平台的特点

由于直播平台这两个突出的特点，所以网络游戏活动和户外直播活动两类活动的策划在直播平台的需求量十分大，这两方面的直播活动相对于其他直播活动而言，比较红火。

2. 清楚流程

互联网环境的影响促使互联网用户的体验观念发生了很大变化，人们逐渐对间接式的体验失去了兴趣，对直接式的体验变得越来越喜欢。这一点变化在电影方面表现得非常明显：比起那些剧情缓缓展开，注重细节刻画的电影，多数人更加喜欢带来直接感官刺激的所谓"大片"。

因而，为了迎合互联网用户的这一习惯，活动策划者要清楚新媒体活动的具体流程，让准备参加活动的受众能清楚地知道他所期待的环节什么时候会来，他所期待的体验什么时候会到。这样不仅增加了活动受众对活动的期待度，更让活动工作人员有了调节活动气氛的辅助依据。

3. 牢控走向

互联网环境具有一定的复杂性，在互联网上进行新媒体活动策划时，活动策划者要注意把握活动的走向，不要让活动节奏被互联网的某些不良节奏影响。

影响新媒体活动的主要因素是互联网环境下广泛的娱乐精神。互联网用户的娱乐精神是一把"双刃剑"，它既能帮助活动创造神话，也能使活动偏离主题。

例如线上活动神话"双十一"——最初每年的11月11日只是一个普通的日期，之后借着互联网用户发挥娱乐精神的再创造，11月11日变成了一个名为"光棍节"的网络节日。由于光棍节反映了当时社会单身男女众多，找对象难、结婚更难的情况，所以光棍节并没有像其他网络节日一样流行起来，反而很快就失去了热度。

凡是节日就一定有相应的节日活动，如情人节送巧克力，中秋节吃月饼赏月。但光棍节作为广大互联网用户喜闻乐见的节日，却没有相应的节日活动。这一点被淘宝电商看中了，于是优惠促销活动成了光棍节的主要活动内容。再之后随着淘宝电商进一步对光棍节的活动走向把控，"光棍节"这一名称逐渐被"双十一"所取代，最后每年的11月11日变成了"电商狂欢节"。

因此，活动策划者在策划新媒体活动时要依照活动目的，牢控活动走向。

11.1.3 新媒体活动的策划技巧

多数新媒体活动的主要目的还是宣传推广，在新媒体平台进行宣传推广是需要有一定技巧的。这些技巧主要表现在三个方面，下面就将为大家进行具体介绍。

1. 流量把控

任何新媒体平台提供的流量都是有限的，而新媒体活动的宣传推广效果又是与流量成正比的，因此新媒体活动想要取得更好的宣传推广效果就可以从两个方面把控流量，即增加总量和增加分配。

首先，对新媒体活动的流量把控可以从增加总体流量方面着手。由于每个新媒体平台的流量都有限，所以在进行新媒体活动策划时，不要只专注于活动进行的新媒体平台，还可以通过将其他新媒体平台的流量引入活动进行的平台，以此为活动增加关注度。

常见的引流平台主要有以下 4 个，如图 11-5 所示。

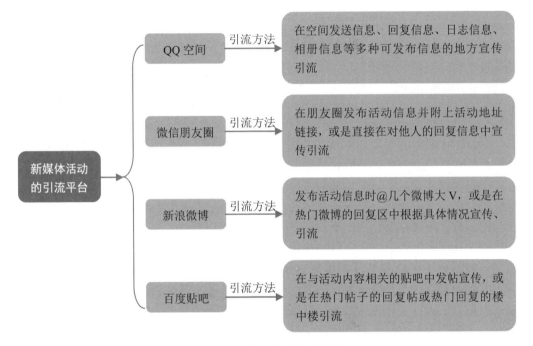

图 11-5　新媒体活动的引流平台

其次，活动策划者还可以从活动举办的新媒体平台的流量分配方面入手，获得活动举办的新媒体平台更多的流量，自然活动也会被更多的人看到，也就会取得更好的宣传推广效果。

下面以目前比较热门的新媒体平台——新浪微博为例，为大家分析增加在活动平台中流量的分配方式。

(1) 创意内容：指通过富有创意的活动内容获得广大微博用户的认可和喜爱，从而使活动登上微博热门榜，得到更多微博用户的关注，同时也被更多的微博用户自主地转发扩散。这种方式相对来说成本较低，效果较好，微博用户也乐于接受这样的宣传和参加这样的活动。

但此种方式需要活动策划者具有较强的创新能力并且对微博用户兴趣点的把握也要十分到位。

(2) 借力大 V：通过@或直接请微博上与活动内容有所关联的行业大 V 或者热门

明星帮助宣传推广活动，在微博上形成"粉丝效应"，进一步带动围观的微博用户跟风参与活动，形成微博上的潮流，从而达成宣传推广的目的。这种方式的效益相对来说也还算不错，但需要活动主办方有一定宽度和广度的人脉资源。

（3）头条置顶：是指通过与新媒体活动的举办平台进行某些权限交易，让活动信息的微博能够得到推送，进入头条位置或将信息置顶。这种方式的优势在于效果直接，并且不需要活动信息内容有多出众，但对活动主办方的各项能力都有一定要求。

2．用好权限

现在大多数新媒体平台都有会员服务，只要开通会员，就可以获得一定的特权，而且随着会员等级的提高，可行使的特权也会相应增加。活动策划者可以在策划新媒体活动时在活动将要举办的平台上开通会员服务，获得会员权限。

利用好这些权限不仅可让活动进行得更加顺利，还能让活动的效果能被进一步放大。权限在新媒体活动中的运用主要有两种方式，具体如下。

- 禁言：对在活动评论交流中恶意做舆论引导的用户给予禁言，保障活动不受破坏。
- 置顶：将活动信息置顶在平台首页，以此吸引更多人参加活动。

3．引导人员

设置引导人员也是在新媒体活动策划中一个重要的技巧。新媒体活动中引导人员的作用很多，但大致可以分为两种，具体如图 11-6 所示。

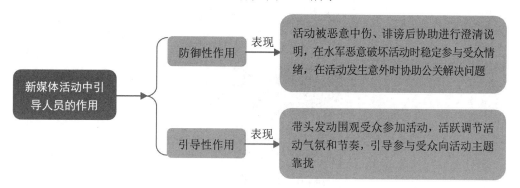

图 11-6　新媒体活动中引导人员的作用

11.1.4　"OPPO Reno 造乐节"微博活动策划

微博作为新媒体活动的第一阵地，拥有大量的新媒体活动资源，其对新媒体活动的推动影响也是巨大的。

下面通过一则名为"OPPO Reno 造乐节"的新媒体活动的实战案例带大家深入了

解新媒体活动的策划。

1. 活动目的

任何活动都是有目的的，有了活动目的才能确定活动方案。"OPPO Reno 造乐节"的活动目的有 6 个，具体如下。

- 提升公司品牌知名度。
- 增加高质量活跃粉丝。
- 吸引潜在客户。
- 增加网络营销业务。
- 增加公司官方微博平台的曝光度。
- 为后期活动作铺垫。

2. 活动重点

因为"OPPO Reno 造乐节"活动的目的只是吸引关注，增加粉丝，为后期活动作铺垫，所以活动方案很简单，与常见的微博有奖转发活动没有什么不同。

又因为"OPPO Reno 造乐节"活动只是一个前期宣传推广活动，活动主办公司显然是要将重点资源放到后期活动上，所以"OPPO Reno 造乐节"活动也将活动重点放在宣传推广上。

图 11-7 所示为其在微博上发布的活动宣传推广信息。

图 11-7　"OPPO Reno 造乐节"活动的宣传信息

3. 参与方式

为了增加宣传效果，提高活动参与率，"OPPO Reno 造乐节"活动在参与方式上也花了一番心思，其具体参与方式如图 11-8 所示。

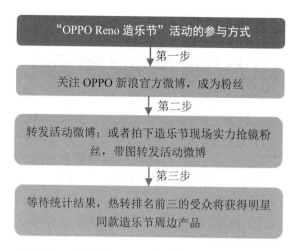

图 11-8 "OPPO Reno 造乐节"活动的参与方式

从这些规则中可以看出,活动门槛低,活动内容简单,并且很好地满足了主办方的需求。

【案例分析】

"OPPO Reno 造乐节"活动很好地抓准了自身的定位和活动的重点,其成功的关键有 3 点,如图 11-9 所示。

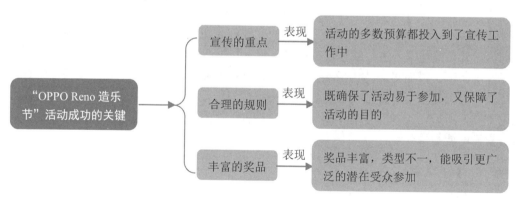

图 11-9 "OPPO Reno 造乐节"活动成功的关键

11.2 多平台活动策划

随着综合化信息技术的发展与资金流的集中,多个平台的宣传推广变得十分容易,但一般的多平台广告宣传推广已经满足不了企业的宣传推广需要了,企业渴望一种更深层次、更广泛覆盖的宣传推广模式,于是多平台宣传推广活动应运而生。本节将为大家详细讲解多平台宣传推广活动。

11.2.1 多平台宣传推广活动的平台分布

多平台宣传推广活动主要在两个或两个以上的平台进行，通过多个不同类型平台之间的信息活动交换使宣传推广效果得到成倍放大。一般来说，参与多平台宣传推广活动的平台有4个，即直播平台、视频平台、音频平台和自媒体平台。

这些平台有一个共同的特点：它们都在某方面具备独特的优势，但也存在一定的劣势。因此，为了突出优势，弥补劣势，这些平台经常联动起来举行多平台宣传推广活动。

这些平台在多平台活动中经常扮演着不同的角色，也有着不同的位置，接下来从各平台的特点出发，分析它们在多平台宣传推广活动中发挥的作用。

1. 直播平台

直播平台是信息实时交互的网络平台，其最大的优势就是可以实现信息的实时输出，观看直播的观众即便身处万里之外，也可以实时地接收到直播的声音和影像信息，并且观众还可以通过发送弹幕与直播者进行实时的交流互动。因为这一优势，直播平台经常作为多平台宣传推广活动的主场。

但这一优势也使直播活动在其他环节上的表现受到了挤压，因为直播活动参与者的关注重点是在直播画面上，但活动是要有互动的，并不只是单方面地传递信息。直播活动的互动往往要通过弹幕来完成，但弹幕能完成的互动又是有限的，因此直播活动常常要与其他平台进行联动，形成多平台宣传推广活动。

例如，直播抽奖活动，虽然直播抽奖活动经常是在弹幕互动中完成，但由于目前还没有一家直播平台有独立且完善的弹幕抽奖系统，并且弹幕抽奖的宣传效应转换率也不高，所以比较有宣传性和正式性的直播抽奖活动还是将抽奖部分放在其他平台，最常见的就是微博平台。

2. 视频平台

视频平台与直播平台在传输信息方面有相似之处，但视频表现的信息更加丰富，内容也更加精彩。因为视频内容里的信息是可以经过后期加工的——视频画面中可加入字幕和补充性的艺术字体。而且，借助电脑特效和CG技术，视频还能呈现出超乎想象的画面观感。

视频具有目前所有信息表现媒介中最为强大丰富的感官表现能力，借助3D(三维)和VR(虚拟现实)设备的辅助，现在的视频几乎已经可以使人产生如同身临其境般的感受。

虽然视频有着如此突出的优势，但其在活动方面的劣势也是十分明显的。视频在活动方面的不足就是其互动性过低，活动主办方和活动的参与者很难仅仅依靠视频平台进行深入的互动和交流，也难以支撑起整个活动，所以视频平台通常在多平台宣传推广活动中发挥为活动提前宣传的作用。

3．音频平台

音频平台现在除了传统的广播电台外，还有新兴的网络电台。音频平台的优势就在于音频信息的轻松性和独特的感官体验。音频信息可以让人们轻松地获取，因为人脑处理声音的能力很强，人们可以直接获取声音中的信息，所以很多人在开车时或者睡觉前都喜欢听电台广播以获取音频信息。

而且听觉和视觉一样，是人们直接获取外界信息时最常用的感官，所以声音同样能给人带来丰富的感官体验，而且单一的音频信息还可以激发人脑的想象，给人独特的感官体验。

现在国内影响力和规模较大的音频分享平台是喜马拉雅FM，其在自身平台上也举办了很多活动。

但音频平台传播的信息相对来说比较单一，音频平台的普及率和活跃受众的数量相较于其他平台也比较低，所以音频平台还是难以独立举办规模比较大的宣传推广活动。目前音频平台在多平台宣传推广活动中起到对相关活动的宣传或者作为相关活动的分会场的作用。

4．自媒体平台

自媒体平台就是具有自媒体属性的互联网窗口平台，而什么又是自媒体呢？自媒体又被称为"个人媒体"或"公民媒体"，它泛指互联网上的私人化、个性化、自主化的信息传播者。随着自媒体这一概念的发展，许多自媒体平台也随之出现。

自媒体平台的优势在于其受众活跃，并且意见领袖在平台活动中的作用非常明显，所以十分适合在多平台宣传推广活动中作为宣传渠道，发挥宣传窗口的作用。此外，自媒体平台的综合性表现能力较强，本身也能独立举办一些不太复杂的活动。

11.2.2 策划多平台宣传推广活动须知

多平台宣传推广活动涉及多个平台，综合了多个平台的优势，因此相较于一般的宣传推广活动，其宣传效果更好，但相应地，多平台宣传推广活动的策划工作也更加复杂。

策划多平台活动时有诸多注意事项，其中有4个方面需要活动策划者高度注意，具体如下。

1. 充足的前期准备

充足的准备对活动来说是非常重要的,所以活动在正式开始之前都要做好相关的前期准备工作,准备不够充分往往会让活动出现重大失误。例如,全球电影的盛典奥斯卡金像奖的颁奖活动就曾因准备不够充分而发生重大失误。

多平台宣传推广活动也是如此。而且多平台宣传推广活动对活动前期准备的要求相较于其他活动而言更高,因为多平台宣传推广活动是在多个平台同时进行,或是有计划地依次进行,各平台的活动之间要形成联系。

所以多平台宣传推广活动需要充足的活动准备周期来策划好各平台活动的方案和平台之间的联动方案,以此确保多平台宣传推广活动流畅地进行,这也是多平台宣传推广活动成功的关键。

2. 精准的统一调度能力

每一场活动都是一次现场直播,需要活动现场负责人员做好强而有力的调度工作。因此,除了充分的前期准备之外,调度能力也是多平台宣传推广活动策划者需要关注的重点。

多平台活动因其复杂性要求活动在进行时能有更具执行力的调度能力,并且因为各个平台上的活动要形成不同程度的呼应和协调,所以还要求这些调度能够高度统一,使其为多平台宣传推广活动的主题和目标服务。

3. 强大的幕后团队

幕后工作本指表演节目时舞台帷幕后的准备、后勤、辅助等行为,后被广泛地引申为活动的后台辅助工作。多平台宣传推广活动更需要一个强大的幕后团队,他们可以为活动保驾护航,是确保活动顺利进行的关键之一。

通常符合多平台宣传推广活动的幕后团队具有以下 3 个特点,具体分析如图 11-10 所示。

4. 优秀的文案宣传

文案宣传是任何宣传推广型活动都必不可少的工作之一,文案的力量是强大的,优秀的文案能够使宣传产生深远的影响。多平台宣传推广活动相较于其他活动,有着先天的优势,所以更应重视文案的作用。

多平台宣传推广活动的宣传工作要做到"一点发力"。多平台宣传推广活动的宣传优势就在于其宣传渠道多,宣传渠道多也就很容易使信息分散传播。

所以在多平台宣传推广活动中,各个活动平台的宣传文案要紧扣活动主题,集中发力宣传,各平台的宣传文案最好还能有联动互动,让受众产生兴趣,主动获取整体性的宣传内容,以此来达到文案宣传效果的最大化。

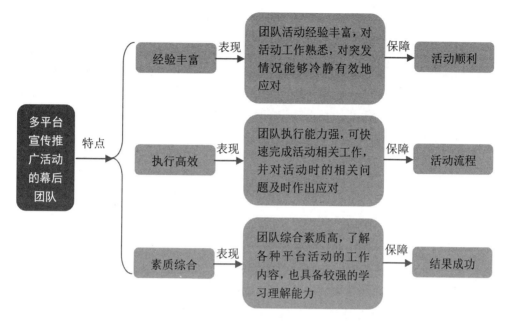

图 11-10　多平台宣传推广活动的幕后团队分析

11.2.3　多平台宣传推广活动的策划技巧

多平台宣传推广活动的策划是十分需要技巧的，如果策划技巧不够好，活动宣传效果没达到，多平台宣传推广活动的宣传效果还没有单一平台的宣传推广活动好，那么多平台宣传推广活动的意义就完全丧失了。

由此可见，尽管多平台宣传推广活动的宣传效果十分明显，但风险也不小。所以多平台宣传推广活动只有一些比较大型的企业才会举办，并且也都由一些经验丰富、有较多实战经验的策划团队承担策划工作。

下面将为大家介绍3个多平台宣传推广活动策划工作实用的基础技巧。

1．一个主题，各自展开

活动只有一个主题，这是活动策划的基本原则，多平台宣传推广活动也要遵循这一原则。但单一的主题又难免过于死板，不同的活动平台有不同的特点，需要个性化的活动内容，因此在多平台宣传推广活动中，可以将那些有潜力的平台作为整个活动的分会场，让它们对活动的主题做一个补充或者扩展性的宣传，使活动的宣传深度和影响力度进一步得到加强。

进行多平台活动策划工作时还需把握好各个平台的特点和优势，以此为依据在不同平台上开展同一主题但形式上各具特色的活动，以满足各平台受众个性化的需求，既可以使多平台宣传推广活动获得好评，又能有效地提高活动的参与率。

2. 确保渠道，沟通顺畅

多平台宣传推广活动中最容易出现的问题就是各活动平台的信息不同步，甚至混乱，这些问题会直接使受众得不到正确及时的活动信息，最终导致活动的宣传效果大打折扣。因此确保活动平台间信息的同步通畅是十分必要的，而确保信息同步通畅的最好方法不是集中统一发布信息，而是随时进行信息沟通。例如，我国的视频平台优酷就曾因信息沟通不畅而发生过重大责任事故。

在我国各大视频平台都热衷于引进国外文化影视作品之时，优酷也获得了一部国外动画的同步播放权，但因某些原因，该动画的播放需延后，优酷没有与国外公司及时沟通情况，却先行播放了该动画，引发了国外公司追责。

3. 资源执行，集中调度

多平台宣传推广活动因活动平台较多，规模比一般的宣传推广活动大，因此需要的宣传推广资源也更多，活动资源的分配问题也是多平台宣传推广活动策划者需要面对的一个问题。所以活动资源的统一管理，集中分配是十分重要的。

俗话说"好钢要用在刀刃上"，多平台宣传推广活动的活动资源也要用在活动的关键之处。多平台宣传推广活动有两个关键点是需要充足活动资源支持的，相关分析如图11-11所示。

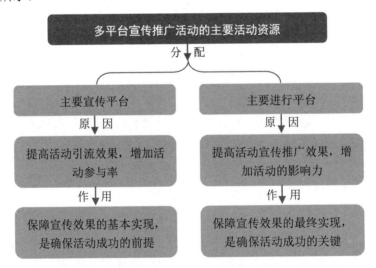

图11-11 多平台宣传推广活动的主要活动资源分配

除了图11-11所示的两个关键点之外，在进行多平台活动的活动资源分配时还应注意活动中有潜力的活动分会场。多平台宣传推广活动的活动分会场具有十分重要的作用，它有别于活动主会场提供综合化的信息和服务，分会场提供个性化的信息和服务，它是多平台宣传推广活动加深宣传深度的关键，也可以起到为活动主会场分流的作用。

例如,全国"万众创业大众创新活动周",这是由政府机构举办的一次大型的多平台活动,活动内容十分丰富,不仅包括宣传推广,还包括成果展示、会议论坛、文化传播、群众竞赛、专业服务等诸多内容,活动线上线下都有涉及,形成了全国联动、协调推进、竞相发展的良好局面。

活动在国内的中心城市设置了主会场,还在重点城市设置了分会场,让活动的影响力真正覆盖了全国,如图 11-12 所示。

图 11-12　"大众创业万众创新活动周"活动的分会场

11.2.4　《云梦四时歌》推广活动策划

世界电子竞技运动近年来十分热门,其规模和影响力已不输于传统体育竞技运动,就拿著名的电子竞技比赛——DOTA2 国际邀请赛来说,截至 2019 年 7 月 1 日,其在第 9 届比赛的冠军奖金已经突破了 2554 万美元,如图 11-13 所示。

《云梦四时歌》是一款以盛唐为时代背景的、融合了我国神话元素和卡牌回合的大型 3D 卡牌手游。随着近年来国家对电子竞技政策的改变和社会对电子竞技游戏的改观,《云梦四时歌》在进入公测的准备阶段就开始进行宣传推广,形成了极大的影响力。

接下来将以《云梦四时歌》推广活动为例,为大家分析多平台宣传推广活动在实践中的表现和应用。

1. 活动的宣传工作

《云梦四时歌》推广活动作为腾讯游戏宣传推广电子竞技的重要一环,得到了腾讯公司的高度重视。在该款游戏推出的前期宣传阶段,几乎全部腾讯旗下的产品都或多或少地出现过有关《云梦四时歌》进入内测、公测阶段的宣传广告。图 11-14 所示为腾讯网的"游戏"板块首页广告展示。

图 11-13　第 9 届 DOTA2 国际邀请赛冠军奖池(截至 2019 年 7 月 1 日)

图 11-14　腾讯网的"游戏"板块首页广告展示

除了腾讯网外,《云梦四时歌》推广的宣传信息还遍布与腾讯相关的一些社交网站和其他一些主流的视频网站,前者如微博、微信、QQ 等,后者如哔哩哔哩、优酷等。图 11-15 所示为哔哩哔哩视频平台主站的《云梦四时歌》宣传片。

2. 活动平台的选择

对于此次活动,腾讯游戏在活动平台的选择上也做了很深的考量,其将活动的主场放在了直播平台,以包含不同活动奖励的主播招募的方式推广此次活动。图 11-16 所示为斗鱼直播平台的《云梦四时歌》主播招募信息。

图 11-15　哔哩哔哩视频平台主站的《云梦四时歌》宣传片

图 11-16　斗鱼直播平台的《云梦四时歌》主播招募信息

　　之所以选择直播平台作为主场,一是通过直播的方式可以很好地让主播展现活动全貌,也让大量的线上受众能参与活动的测试,增加活动参与度;二是直播平台较为适合游戏的宣传,能吸引大量的游戏玩家观看和参与活动。

　　并且在大型社交媒体和社交网站上也都有与该活动相关的联动活动,这些平台的活动增加了《云梦四时歌》推广活动的信息传播量,强化了宣传效果。并且这些平台上的活动多是形式比较简单的关注并转发抽奖活动,不会抢了活动主场的关注度,如图 11-17 所示。

图 11-17　微博上相关的关注并转发抽奖活动

3. 活动的影响扩大

腾讯游戏为了扩大此次活动的影响力,还与一些业内知名的游戏媒体和网站达成了官方合作关系,借助它们宣传活动信息,扩大该活动在业内的影响力,完成腾讯游戏将《云梦四时歌》打造成国内电子竞技游戏品牌的目的。

图 11-18 所示为某官方合作游戏资讯网站的游戏介绍部分内容。该网站提供的信息十分详细,让在该网站浏览资讯的,并不是《云梦四时歌》目标受众的玩家也能接收活动的宣传信息,进而可能转化为目标受众。

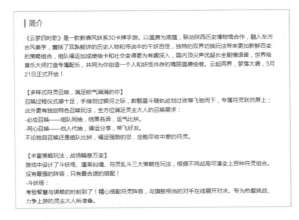

图 11-18　合作网站上的游戏介绍部分内容

第 12 章

实战：电商活动策划与执行

学前提示　在各种营销平台上，平台、企业和门店等也会开展不同形式的活动来促进产品和服务的销售。这是电子商务(电商)市场竞争加剧的要求。本章将围绕电商、微商和团购这 3 类营销平台，具体介绍营销活动策划的相关内容，从而实现提升销量和营销额的目标。

要点展示
- ▶ 电商活动策划
- ▶ 微商活动策划
- ▶ 团购活动策划

12.1 电商活动策划

随着移动互联网、信息化物流、电子金融等多方面的技术发展,一种新的商业模式应运而生,这就是电子商务。而不管是实体商务还是电子商务,追求利益都是第一要务,那就自然少不了营销活动了。本节将为大家详解电商活动策划。

12.1.1 电商活动状况

随着信息化的发展,互联网越来越普及,网上购物已经不再只是一种潮流,而是渐渐变成了人们的生活习惯。根据相关数据显示,我国的网购销售额将会稳定增长。而且不只是在城市,乡镇地区的人们也开始习惯并喜欢在网上购物。

同时,随之增长的不仅仅是电商网购的受众,还有电商平台。更重要的是,网店的数量也在逐年上涨。越来越多的实体店铺和企业开始向电商转型,开网店的低门槛也让越来越多的人向电商方面投资发展,一些有地方特色产品的乡镇农村也在政府的支持下进入了电商领域。

只要有商业活动,就会有营销。而随着电商的发展,对于营销活动的需求势必也会越来越大。这也是电商活动的趋势所在。接下来,笔者将从以下两个方面带领大家了解电商活动的一些状况。

1. 电商活动包括哪些内容

营销活动集推广、传播和销售为一体,与立足于互联网的电商的契合度非常高。而随着电商的快速发展,电商营销活动也衍生出许多类型,常见的主要有以下 6 种。

1) 促销活动

促销活动的形式很简单,一般都是直接以商品打折降价为活动主题,其目的一般都是快速处理商品。所以这种类型的活动常出现于商品在时间上不易持续保留卖点的电商行业中,如食品和服装。

2) 优惠活动

优惠活动中的"优惠"内容一般是针对特定人群的,因为优惠并不会无条件地送出,只有满足一定条件的才能获得优惠。

优惠活动的目的有多种,或是为了促进销售,增加盈利;或是为了回馈顾客,提高黏性;或是为了吸引新客户,扩宽客流。因此优惠活动的形式也有很多,比如满足消费条件就打折,或者根据消费金额直接减少相应支付金额,或者会员客户享受特别优惠等。

3) 抢购活动

抢购活动的形式通常是在一定的时间内低价销售热门商品,其活动目的主要是盈利。用抢购的方式,将有限优惠作为点燃消费者购买欲望的诱因,以此来获得最大化的利润。

4) 联动活动

联动活动的形式一般是两家以上的品牌进行联合销售,它们可以是同行业但产品特点不同的品牌,也可以是关联行业的品牌。联动活动的目的主要是借助多家品牌的集合,用多样的选择来吸引消费者,以此扩大品牌影响力。

5) 专题活动

专题活动通常以活动主题来吸引消费者,而这个主题通常是重要节日或时事热点,活动形式围绕活动主题展开,如妇女节的专题活动,就可以将大奖设置为 3.8 折的热门商品。专题活动的目的不需要根据活动主题变化,可以随主办方的需求而定。但为了充分利用节日期间人们的消费热情,以节日为专题的活动,其目的一般都是为了盈利。

6) 调查活动

调查活动的形式一般都是将品牌产品或网店特色产品作为奖品,以此来吸引消费者填写问卷,既获得了消费者的反馈信息,又在无形之中宣传了品牌。调查活动的目的是调研消费者的相关信息,为电商以后的活动作准备。

2．电商活动中文案的作用

文案在任何营销活动中都发挥着重要而关键的作用,对于电商活动来说也不例外。没有文案的营销就像失去血肉的骨架,失去叶片的枯枝,让人不忍直视。所以在进行电商活动的策划时一定要重视文案的作用。文案对电商活动的作用主要表现在宣传方面。

宣传工作一直是文案的主场,文案在电商活动的宣传工作中起着重要的作用。详细清晰地介绍电商活动的信息很重要,但文案在宣传中的作用还不止于此,还可发挥使接受宣传的受众对活动产生兴趣,进而产生参加活动的欲望的作用。要做到这一点,可以从以下 3 个方面着手。

首先,展示亮点。就是文案将活动本身独特或者稀有的优势展示出来,以此为活动吸引受众。

其次,电商活动的文案还可以从直接说明利益方面去吸引受众,因为利益始终是最能吸引人的因素。

最后,电商活动文案还可以运用文字游戏的手法,通过极具诱惑力的文字去吸引受众。

12.1.2 电商活动须知

电商活动由于主要是在互联网上进行,所以除了一般营销活动常见的问题外,还有需特别注意的问题,具体内容如下。

1. 提前宣传

提前宣传是活动前期工作的重点之一,而对于电商营销活动来说,这一点尤为重要。电商营销活动策划者要做好活动的前期宣传工作,需从以下3个方面下功夫。

首先,提前宣传要具有足够的吸引力。电商营销活动提前宣传的目的就是为活动引流,所以提前宣传一定要能为活动吸引来人流。关于这一点,可以充分运用文案的作用,为提前宣传增加吸引力。

其次,提前宣传的宣传面要广。既然提前宣传是为了帮助活动引流,那在多个平台多渠道引流肯定比死守一个引流渠道要好。对于大多数消费者而言,因为消费能力和消费需求有限,他们通常只会参加一次或两次同一时间段的电商活动,而电商营销活动的主要目的一般都是盈利,这时广泛宣传,吸引更多的消费者,对提高电商营销活动的收益十分有利。

最后,提前宣传要做到深入人心。这样不仅能让互联网用户在有消费需求时首先想到活动,还能在一定程度上为日后的活动积累人气。

2. 了解需求

在互联网上举办活动的一大特点就是活动参与者拥有极高的自主性,他们在参加活动时几乎不受外界影响,也可以自主选择获取信息。这就使电商营销活动参与者既可以随时参加活动,也可以随时离开。这就要求活动主办方十分了解目标受众的需求,因为当受众的需求得不到满足时,往往就是他们离开活动的时候。受众的需求主要有两方面,相关分析如图12-1所示。

3. 创新设计

创新是活动成功的催化剂,在策划电商活动时,活动策划者需注意创新设计活动,合理的创新设计不仅能让所策划的电商营销活动事半功倍,还往往为活动带来意想不到的收获。要对电商活动进行创新,可以从以下3方面出发。

1) 观念创新

当下社会,概念包装十分流行,任何东西都倾向于往"高大上"的方向上靠拢。这些"高大上"的概念包装就是观念创新的结果,创新人们固有的观念,让产品被人们重新认识,增加产品的新鲜感。

活动策划者在创新电商活动的观念时可以将购物与时尚结合起来,提出"时尚购物"的观念来吸引受众参加活动。

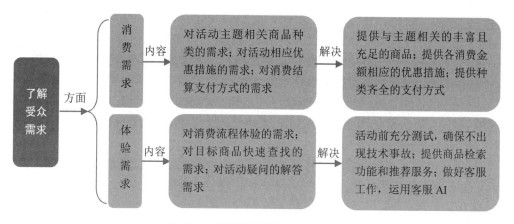

图 12-1　了解受众需求的相关分析

2) 环节创新

环节创新是电商活动创新的重要一环,也是电商活动创新最好入手的一环。活动策划者可以将一些新技术或新元素融入活动环节中去实现创新。例如,电商活动的结算支付环节就可以引入近来兴起的网上贷款和网上金融服务,让消费者不用担心资金不足,尽情地参与活动。

3) 模式创新

电商活动模式的创新对活动效果的影响非常大,合适的模式创新可以增加活动的新鲜感,促进活动成功,而不适合的模式创新则会使活动的收益大打折扣。所以活动策划者在创新活动模式时需谨慎,最好从解决问题的角度去进行,而不要只是为了创新而创新。

一年一度的大型电商活动"双 12"就是一个值得活动策划者在进行活动模式创新时借鉴参考的例子。"双 12"对活动模式的创新就在于其一改以往电商平台先决定降价打折的幅度和活动商品的种类,受众参加活动时再选择需要的商品这一模式。"双 12"电商营销活动创造性地让受众去选择他们需要的商品,受众还可以提出对该商品的优惠建议。这样的创新不仅满足了受众的需求,还增加了受众对活动的参与度,大大提高了受众参与活动的积极性。

12.1.3　电商活动策划技巧

电商活动是目前互联网上举办极为频繁的活动,而许多其他类型的活动,如众筹活动、团购活动等也不甘落后,这些活动的本质目的也和电商活动一样都是盈利。在众多同质化的活动信息的"轰炸"下,部分互联网用户对营销活动难免产生抵触心理。

这时就需要活动策划者运用一些技巧来化解难题。下面就介绍 3 种常用的电商活动策划技巧。

1. 折扣优惠

折扣优惠是策划电商活动时最常用的技巧之一，利益的诱惑最直接也最有效，特别是没有任何附加条件的折扣优惠就更具诱惑力。

电商活动策划者在设置优惠内容时可以运用一元钱策略。一元钱策略利用的是人心理感受的差异，99元和100元明明只相差一元钱，但多数人的第一感受都会将它们划为两个阶段的价位。

电商活动策划者在制定电商营销活动的优惠价格时可以多使用一元钱策略，并配上"仅售""只要"等文字，如此往往可以使优惠力度显得很大。

2. 满足个性

频繁的电商活动之所以会引起一部分人的反感并不是因为活动信息像山寨页游广告一样会主动弹窗、占据视野，然后强行宣传，而是这些活动往往不能满足受活动信息宣传吸引而来的这部分人的个性化需求。因此，电商活动的商品不仅要种类丰富，还要能满足受众的个性化需求。如果商品确实无法满足受众的个性化需求，最好提供替代产品或是解决方案。

比如，在一次科技产品电商活动中受众看中了某一款手机，但这款手机没有该受众想要的颜色，这时就可以向其推荐该手机配套的不同颜色的手机壳，以此来满足该受众对手机颜色的个性化需求。

3. 传播概念

传播概念是电商活动策划中的一个进阶技巧，它的运用虽比前两个技巧更需注意细节，但带来的成效也更明显。概念的传播可以让电商活动定期举办，也能让活动与某些意义联系起来，显得更有价值。

比较成功的传播概念的活动案例有巧克力的情人节营销活动。节日与营销活动很早就联系在一起了，一过节就会出现各种营销活动。但情人节的营销活动在各节日的营销活动中显得有些特别。情人节并不是新兴节日，它在西方已有上千年的历史，它与玫瑰花紧密相连。但近些年的情人节又多了一项新活动，就是情侣或者男女之间互送巧克力。这种行为在情人节的起源中找不到依据，也与我国的文化传统无关，但"情人节送巧克力"这一概念不知不觉就被传播开来。

此外，电商活动相类似的还有以"双十一"为首的各类网购狂欢节。

12.1.4 "双十一"活动策划

说到电商营销活动，就不可避免地要提到"双十一"，作为最成功、规模最大的电商营销活动，"双十一"活动自然有许多值得大家借鉴学习的独到之处，具体分析如下。

1．宣传独到

宣传是电商活动中重要的一环，宣传到位，可使活动事半功倍，"双十一"电商营销活动在宣传上的经验值得大家学习。

"双十一"本来指的是每年 11 月 11 日在网络上盛行的一个名为"光棍节"的节日。但阿里巴巴公司很快发现了这个网络节日的商业潜力：光棍节的主题是摆脱单身生活，响应活动主题的多数是年轻群体，他们易于也乐于接受新鲜事物，并且他们也具备一定的消费能力和较强烈的消费愿望。

阿里旗下最大的电商平台淘宝随后便紧扣光棍节主题进行宣传，力求将单身、爱情等光棍节热门词汇与网购联系在一起，推出了如"既然遇不到喜欢的人，那遇到喜欢的东西就买了吧""已经错过了她，怎么还能再错过它"等许多富有趣味且紧扣光棍节主题的宣传广告语。这些广告语马上就在互联网上流行开来，让这个有一定热度却没有相应庆祝活动的节日有了举行活动的动机。随后光棍节摆脱单身生活的主题逐渐被淡化，购物消费的活动形式却越来越得到强化。

从上述案例中大家可以看到，淘宝对于电商营销活动的宣传不仅仅是借势，更是在赋予，通过对机会的把握，淘宝成功完成了反客为主的宣传。

2．目标准确

找准目标客户对电商营销活动来说十分关键，虽然网络使电商营销活动的服务能力比一般门店营销的服务能力要高出许多，但电商营销活动的服务能力始终是有限的，活动不可能满足每一个参与者的每一个需求。电商营销活动关注的重点始终会放在活动主题对应的参与受众身上，因为他们才是为活动带来盈利的主要力量。

"双十一"电商营销活动就十分准确地定位了目标用户。虽然淘宝一开始就想将"双十一"打造成迎合所有人的全球购物盛典，但初期的"双十一"买家和卖家都是雾里看花，不清楚这类大型综合电商营销活动的前景，所以最初参加"双十一"的电商都是一些销量比较好的，盈利有保障的零售类网店电商，"双十一"的消费者也是以购买零售商品，如日用品、零售、服装等为主，第一届"双十一"的销售额也只有 0.5 亿元。后来随着淘宝对目标受众的准确把握，"双十一"的规模不断扩大，最终发展成了全球性的网购盛典，其销售额也逐年攀升。

3．策略成熟

大型的电商活动除了"双十一"外，还有众多其他活动，如"618"等。但最成功、最有影响力的还是"双十一"，这主要得益于"双十一"成熟的活动策略，具体表现在 3 方面。

1）宣传

淘宝作为我国最早兴起的电商平台和目前规模最大的电商平台，其在营销宣传方面的经验无疑是非常丰富和成熟的，它在"双十一"电商营销活动的早期，充分运用自身的营销宣传经验，对"双十一"进行了大量且广泛的包装和宣传。

2) 形式

淘宝虽然是"双十一"电商营销活动的主办方，但它十分清楚自身的定位，知道网店商铺才是"双十一"的活动主力，自身只需保障平台活动相关服务的提供不出问题就可以了。因此淘宝给了平台内电商很大的活动自主性，活动期间电商可以独立确定诸如分期、返利、预购等多种各具特色的优惠形式。

这使得"双十一"与以往的电商活动不同，形式上变得像是一场大型的网上集会，参与者在活动中就像在一个大型庙会一样可以收获许多不同的惊喜体验，这让"双十一"在提供商品优惠的同时，还能给参与者带来独特的消费体验。

3) 观念

淘宝的"双十一"不仅将网购和每年的 11 月 11 日联系起来，灌输给人"双十一"进行网购的观念，更是将自身和"双十一"捆绑起来。

以每年 11 月 11 日为噱头开展电商营销活动并不是淘宝的特权，其他电商平台也可以举办"双十一"营销活动。但这些电商平台在"双十一"活动时竞争不过淘宝，一方面是因为淘宝作为目前大型电商平台在用户、服务等方面的先天优势；另一方面则是淘宝作为"双十一"电商营销活动的主要推动者，在历届的"双十一"活动中都不断将"双十一"与自身的联系强化，如每年"双十一"活动结束后淘宝都会公布本届"双十一"在淘宝平台上的销售额。

特别是在淘宝的母公司阿里巴巴取得了"双十一"的注册商标并授权给旗下的淘宝天猫独家使用后，这一做法看似作用有限，但通过这一行为，淘宝无疑是向人们宣告了自身与"双十一"的紧密联系，无形之中向大众灌输了一种"双十一就要上淘宝"的观念。

12.2 微商活动策划

微商是一种偏向生活化的营销方式，更是如今年轻人创业的首选。因此，关于微商活动策划的内容，也被人们所关注。本节将以线上活动为例，讲解微商活动策划的相关内容。

12.2.1 活动策划成功的诀窍

活动策划者若想让自己的微商活动举办成功，就需要关注引流方面，可以说引流的成效决定着微商活动的成败。试想一下，若活动策划者策划出了一个非常完美的微商活动，可是因为引流不理想，难以让活动展示在大范围人群面前，那就是"英雄无用武之地"，实属浪费。

因此，对于线上微商活动来说成功的秘诀在于引流是否能成功。那么微商活动该如何进行引流呢？具体内容如图 12-2 所示。

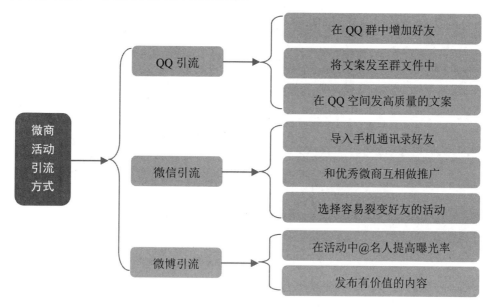

图 12-2 微商活动引流方式

专家提醒

在微信中裂变好友的活动有很多种，最常见的是点赞转发活动、疯狂降价活动和好友众筹活动。

12.2.2 活动策划需打感情牌

微商活动本就是一种从情感上下手的活动类型，因为微商绝大多数用户都是自己认识的好友，或者是从好友那里裂变而来的好友。无论如何，这些好友和微商本人都有一定的情感联系。正因如此，微商活动才更需要打感情牌，用情感来吸引人们的注意力。

在这个到处都是微商的时代，人们渐渐对微商产生了一些抵制心理，让很多人做出了屏蔽微商信息和删除微商好友的行为，所以一些蹩脚的感情牌是难以捕获到好友们的购买心理的。那么活动策划者应该如何去打好感情牌呢？具体内容如图 12-3 所示。

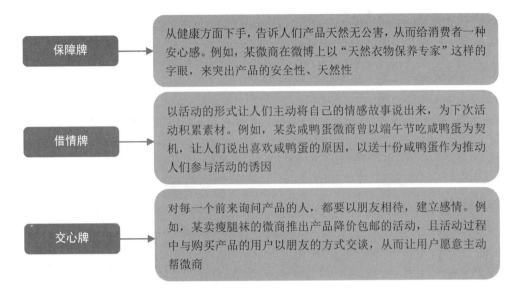

图 12-3　微商活动的策划者打感情牌的方法

12.2.3　活动策划的注意事项

活动策划者在策划线上微商活动时，应该严谨、用心，若太过随意，则会降低微商在朋友心中的地位。下面就来进一步了解在策划线上微商活动时需要注意的事项，具体内容如图 12-4 所示。

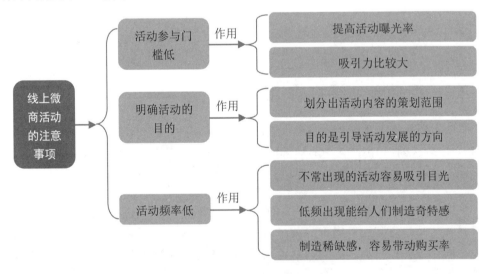

图 12-4　线上微商活动的注意事项

12.2.4 ××微商出售辣条活动策划书

下面就为××卖辣条微商模拟一份活动策划书,即《××微商出售辣条活动策划书》,具体内容如下。

1. 活动目的

活动目的为提高辣条销量及产品曝光度。

2. 活动时间

微商举办活动的时间较为随意,随时都能进行。当然在进行微商活动之前,可以使用一些小技巧,例如,在微信、QQ、微博等平台发布是否进行活动的询问:"大家觉得我应不应该在这几天做一些特价活动来服侍我的上帝们呢?若觉得需要的请在2天内留言1即可,若超过了30个1就在9月6日推出活动。"这样既告诉了人们进行活动的时间,又打着民主的口号来听取人们的建议,大大提高了微商在人们心中的印象。

××微商出售辣条的活动时间为2019年10月10日9:00—11日22:00。

3. 活动地点

活动地点为在微信、微博、QQ这3个平台上发布活动信息,最后引流到辣条微店上进行购买。

4. 活动对象

活动对象为微商的粉丝和朋友以及其他陌生朋友。

5. 活动内容

需要根据活动目的进行活动内容的制定。××微商出售辣条的活动内容为:2019年10月10日9:00—11日22:00,只要朋友们将活动文案转发到自己的朋友圈子里,并截图给微商,即可参与此次产品特价活动。

6. 活动安排

活动安排需要根据活动内容来制定。图12-5所示为××微商出售辣条活动的活动安排。

图12-5 ××微商出售辣条活动的活动安排

【案例分析】

相比其他活动来说，微商活动策划书不需要非常正规，毕竟微商是一种自媒体职业，只要微商自己觉得活动力度、活动费用等方面是自己能承担的即可。

值得注意的是，微商在进行活动之前，可以多参考互联网上、身边其他微商的成功案例，取其精华去其糟粕，再运用到自己的活动中即可。

12.3 团购活动策划

人们常见的团购网站有美团、大众点评、糯米网等。那么到底什么是团购呢？团购就是指商家让多个消费者联合起来，以人们单独购买不到的价格，共同购买同一件商品。

12.3.1 团购活动的特点

活动策划者要想在互联网上开展团购活动，就必须知道团购活动的特点，根据这些特点来进行团购活动策划工作。图12-6所示为团购活动的特点。

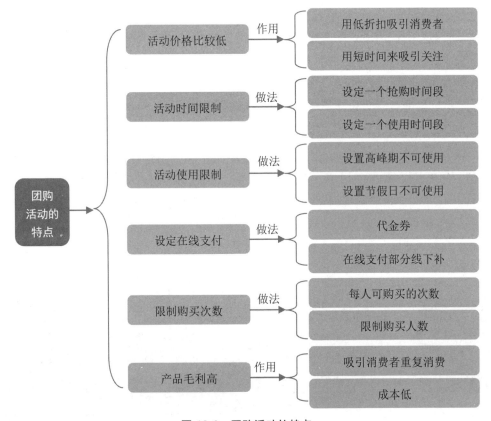

图12-6 团购活动的特点

12.3.2 策划团购成功的技巧

其实团购活动就是一种促销行为，它最大的作用在于提高品牌的知名度，获得产品好评。活动策划者若想让团购活动获得成功，首要任务就是选择一个好的互联网团购平台，可以从 3 个方面进行考虑，即口碑、实力和规模。

专家提醒

若团购平台口碑好，就证明此平台上的团购活动都是注重产品质量，无掺假的商家，受众会更喜欢在这样的平台上进行团购；若团购平台有实力，则证明此团购平台宣传力度比较大，曝光率也比较高，与之合作，自家产品的宣传力度会加大；若团购平台规模大，就证明此团购平台进驻商家多，备受商家的信任，且囊括市场也比较大，进而说明此团购平台实力较雄厚。

活动策划者还可以在互联网上查看团购市场在当时的份额，以了解受众的青睐偏向。在了解了团购平台的市场份额后，就可以挑选 2~3 个团购平台，了解商家入驻的相关信息，主要关注收费情况，然后根据企业的经济状况来挑选一个合适的团购平台。

团购活动的折扣力度一定要比平常大，只有这样受众才愿意在团购平台上参与活动。另外，还需要注意活动的真实性和活动评价，这两个方面是决定团购活动是否成功的要素。

企业的团购活动一定要真实可靠，否则会让受众对产品、品牌失望。保证团购活动真实可靠的原则有 3 个，如图 12-7 所示。

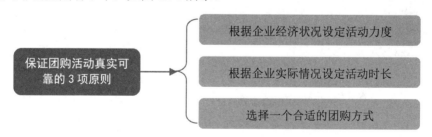

图 12-7 保证团购活动真实可靠的 3 项原则

活动策划者做好活动投放方面的事宜之后，就需要考虑维护问题，即评价。如今每个团购平台都设有消费者评价的功能，该功能有以下 3 个方面的作用。

- 具有推荐作用，消费者可以通过评价来判断是否进行购买。
- 具有实现自我价值的作用，消费者可以在平台上发表消费体验。

- 商家可以通过评价来了解消费者对产品的看法，且了解产品需要改进的地方。

对消费者而言，评价就是一盏"指路灯"，若评价好，消费者就会愿意购买；若评价不好，消费者就容易打消购买意向。由此，活动策划者要想办法应对差评问题。

例如，当消费者说分量少时，可以礼貌地将加工工序说出来，让消费者明白分量是合理的，这样也能让其他消费者看到，避免出现误会。

12.3.3 团购活动产品的描述

活动策划者，在团购活动产品描述方面需要以"详细"为核心，将活动细则一一展现出来，这样才能让消费者了解活动的整个内容。下面就来了解团购活动产品描述的4大要素，如图12-8所示。

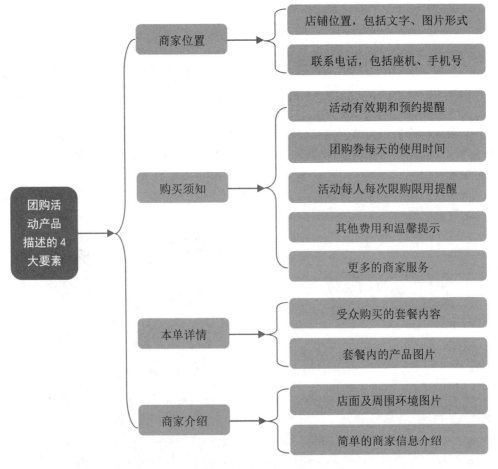

图 12-8 团购活动产品描述的 4 大要素

12.3.4 ××口味馆团购活动策划书

下面就为××口味馆团购活动模拟一份活动策划书，即《××口味馆团购活动策划书》，具体内容如下。

1．活动背景

对于实体店来说，团购是一种拓宽消费者人群的渠道，也是提高品牌口碑最好的渠道。于是我们针对"××口味馆"特色菜量身定做了一个活动策划，希望将品牌推广出去，提高品牌知名度和产品好评率。

2．市场分析

主要是知道进行团购活动的好处以及选定团购平台的原因，如图 12-9 所示。

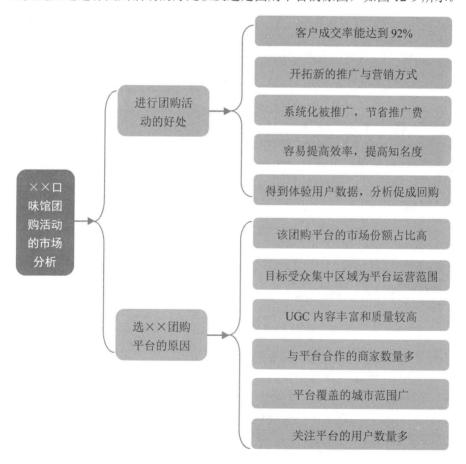

图 12-9　××口味馆团购活动的市场分析

3. 活动内容

主要将活动名称、时间、地点、目的等内容叙述清楚，具体内容如下。

1) 活动名称

在活动名称上，应尽量将商家名称、优惠价格体现出来，如"某某口味馆 仅售 80 元"。

2) 活动时间

活动时间设置为 2019 年 3 月 1 日—4 月 30 日。一般设置团购活动的时间时需注意以下 3 点。

- 小型商家的团购活动最好设定在 1 个月到 2 个月之间；
- 根据商家资金进行时间的设置，以免活动后期后继无力；
- 节日可以不必包括在团购中，最好做到休息日也能通用团购活动。

3) 团购地点

××口味馆选择团购活动的平台为美团网。其设计要点包括以下 4 点，如图 12-10 所示。

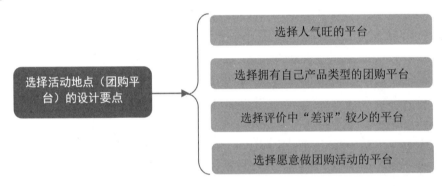

图 12-10　选择活动地点(团购平台)的设计要点

4) 活动人群

此次团购活动的人群是喜欢美食、口味比较重的年轻人。要注意的是，在合作时要认真商谈合作事宜，以便更精准地找到目标人群。

5) 活动目的

此次团购活动的目的是提高商家知名度和产品销量。在设计时，要做到一点，那就是活动目的要体现企业最想要做到的方面。

6) 活动主题

此次团购活动的主题是"仅售 80 元！价值 130 元的 2 人餐"，其设计要点是围绕活动目的进行活动主题的设计。

4. 活动运营

关于活动运营，主要是将活动宣传、操作流程的内容叙述清楚。其中关于活动宣传，主要可从两个方面来理解：一是设计要点，二是活动宣传方式。图 12-11、图 12-12 所示分别为活动宣传设计要点和活动宣传方式。

图 12-11　团购活动宣传的设计要点

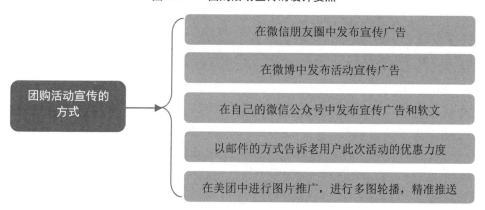

图 12-12　团购活动宣传的方式

团购活动的具体操作主要包括 6 个流程，如图 12-13 所示。

图 12-13　团购活动的操作流程

5. 活动细则

主要讲解活动的相关细节，其中包括活动开展与使用日期、商家地址、联系方式等。具体内容如下。

1) 活动开展与团购开展时间

确定为 2019 年 3 月 1 日—4 月 30 日。其设计要点是：活动开展与活动使用日期可以不一致；团购开展时间可以根据具体情况延后。

2) 商家地址

商家地址为长沙市××街××路××超市旁边的巷子里的第 5 个门面。

3) 联系方式

联系方式一般包括 3 种，即手机号、座机号和微信号，如××口味馆的联系方式为 137×××9095/0731-865××××1/微信号：××××××××。当然，越详细越好，便于参与者联系。

4) 活动优惠

仅售 80 元！价值 130 元的 2 人餐提供免费 Wi-Fi、免费停车券 3 小时，套餐含：口味虾、花甲、啤酒鸭。

5) 购买须知

××口味馆团购活动购买须知，如图 12-14 所示。

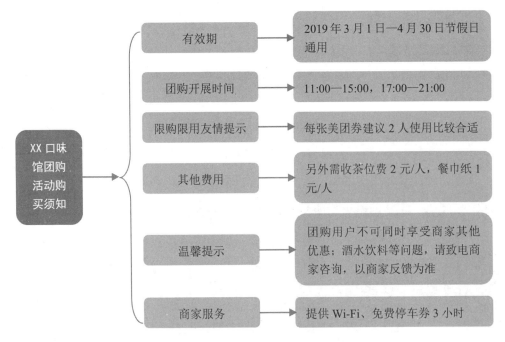

图 12-14　××口味馆团购活动购买须知

6) 套餐内容

××口味馆的套餐内容包括：口味虾、花甲、啤酒鸭、小白菜和纸巾。而且，

××口味馆针对套餐内容作了提示：参与团购活动，需在用餐前出示美团券，用餐后出示无效，给您带来的不便，敬请谅解！

7) 产品展示

需要将套餐中的一部分内容用图片展示出来，且要求图片美观、真实。

8) 商家介绍

关于商家介绍，可以直接放置商家的店面照片。当然，店面照片同样需要美观，且能将店内环境凸显出来。

6．活动工作安排

××口味馆的团购活动策划书中的工作安排如表 12-1 所示。

表 12-1　活动工作安排表

责任人	时间安排	主要事项
策划部	2019 年 2 月 11 日—16 日	制作团购活动策划书，并等待审批
销售部	2019 年 2 月 20 日	与美团网商约合作事宜
销售部	2019 年 2 月 21 日—22 日	谈好价钱签订合同
策划部	2019 年 2 月 25 日	制定详细的活动细则进行投放
宣传部	2016 年 2 月 27 日—28 日	进行活动宣传
服务部	2019 年 3 月 1 日—4 月 30 日	从活动开始到结束期间，需要做好以下两件事。 (1) 服务部需要给前来消费的参与者提供好的服务 (2) 面对参与者的评价要——回复

7．活动总结

需要活动策划者用总结性的话术来具体表达此次活动能达到的目的，包括 3 个方面，即提高商家知名度、快速得到受众口碑和产品得到快速促销的机会。